T0209689

essentials

essentials liefern aktuelles Wissen in konzentrierter Form. Die Essenz dessen, worauf es als „State-of-the-Art" in der gegenwärtigen Fachdiskussion oder in der Praxis ankommt. *essentials* informieren schnell, unkompliziert und verständlich

- als Einführung in ein aktuelles Thema aus Ihrem Fachgebiet
- als Einstieg in ein für Sie noch unbekanntes Themenfeld
- als Einblick, um zum Thema mitreden zu können

Die Bücher in elektronischer und gedruckter Form bringen das Fachwissen von Springerautor*innen kompakt zur Darstellung. Sie sind besonders für die Nutzung als eBook auf Tablet-PCs, eBook-Readern und Smartphones geeignet. *essentials* sind Wissensbausteine aus den Wirtschafts-, Sozial- und Geisteswissenschaften, aus Technik und Naturwissenschaften sowie aus Medizin, Psychologie und Gesundheitsberufen. Von renommierten Autor*innen aller Springer-Verlagsmarken.

Weitere Bände in der Reihe http://www.springer.com/series/13088

Benedikt Römmelt

Social Selling im B2B

Grundlagen, Tools, State of the Art

 Springer Gabler

Benedikt Römmelt
SRH Hochschule Heidelberg
Heidelberg, Deutschland

ISSN 2197-6708 ISSN 2197-6716 (electronic)
essentials
ISBN 978-3-658-33771-1 ISBN 978-3-658-33772-8 (eBook)
https://doi.org/10.1007/978-3-658-33772-8

Die Deutsche Nationalbibliothek verzeichnet diese Publikation in der Deutschen Nationalbibliografie; detaillierte bibliografische Daten sind im Internet über http://dnb.d-nb.de abrufbar.

Planung/Lektorat: Manuela Eckstein
Springer Gabler ist ein Imprint der eingetragenen Gesellschaft Springer Fachmedien Wiesbaden GmbH und ist ein Teil von Springer Nature.
Die Anschrift der Gesellschaft ist: Abraham-Lincoln-Str. 46, 65189 Wiesbaden, Germany

Was Sie in diesem *essential* finden können

- Strukturierter Überblick über die Grundlagen des Social Sellings
- Einordnung des Social Sellings ins Vertriebs- und Marketingmanagement.
- Vorstellung spezifischer Ansätze des Social Sellings wie Personal Branding, Employee Advocay, Content Marketing, Influencer Marketing sowie Social Listening
- Überblick über Plattformen und Tools
- Diskussion von Risiken und Herausforderungen im Kontext des Social Sellings
- Fallstudien, die zeigen wie mit Social-Selling-Programmen Vertriebsziele erreicht werden können und welche Grenzen bestehen

Vorwort

In einer an Werbereizen und Angeboten überfluteten Welt führt klassische Kaltakquise allein nicht mehr zu den Vertriebsergebnissen, die nötig sind, um erfolgreich am Markt zu bestehen. Diese Erkenntnis ist nicht neu, sondern schon seit Jahrzehnten bekannt. Aktuell wird „Social Selling" als neuer Vertriebsansatz diskutiert, teilweise sogar gehypt. Um was es sich bei Social Selling nun eigentlich handelt und was es wirklich leisten kann, soll in diesem Essential dargestellt werden.

Bevor es nun inhaltlich in die Vollen geht, möchte ich allen, die zum Erscheinen dieses Essentials beitragen haben, danken. Zunächst ergeht großer Dank an die Fakultät für Wirtschaft an der SRH Hochschule Heidelberg, den Sponsor der Open-Access-Publikation. Prof. Dr. Markus Breuer, ehemals Prodekan für Forschung an der Fakultät, jetzt Prorektor der SRH Hochschule Heidelberg, hat es ermöglicht, Teile des durch Corona induzierten Ausfalls von Forschungs- und Konferenzreisen freiwerdenden Budgets unkompliziert in diese Publikation umzuwidmen. Dr. Philipp Schmid von der SKF hat mich als Ideengeber überhaupt erst zur intensiveren Beschäftigung mit dem Thema „Social Selling" gebracht. Der gelernten Schauspielerin und sehr erfolgreichen Quereinsteigerin im Vertrieb Jasaman Roushanaei danke ich für die einsichtsreichen Diskussionen zur Vertriebsarbeit, über CoD sowie für das kritische Lektorat!

Danke für die vielen tiefgründigen Fachgespräche und Interviews an Peter Berger (Team Vertriebserfolg), Sten Franke (ethority), Frank Kungel (Technia GmbH), Jonas Niedergesäß (XING GmbH & Co KG), Stephanie Mirzwa (SRH Hochschule Heidelberg) und allen anderen Gesprächspartner. Manuela Eckstein und Madhipriya Kumaran beim Springer Verlag haben für die unkomplizierte Umsetzung des Werkes gesorgt.

Gewidmet sei dieses Büchlein Nora und Marius.

Heidelberg   Benedikt Römmelt
im Februar 2021

Inhaltsverzeichnis

Über den Autor

Prof. Dr. Benedikt Römmelt, Fakultät für Wirtschaft, SRH Hochschule Heidelberg, Ludwig-Guttmann-Str. 6, 69123 Heidelberg, benedikt.roemmelt@hochschule-heidelberg.de, https://www.hochschule-heidelberg.de

Social Selling – Buzzword oder innovativer Vertriebsansatz?

„Social Selling wird als Allheilmittel für schnelle Umsatzsteigerungen propagiert." (Schmäh et al. 2016, S. 15).

„Social Selling auf LinkedIn ist ein Marathon und kein Sprint!" (Behrens 2020)

„Der Vertrieb wird regelmäßig von Methoden-Hypes heimgesucht. […] So entstehen immer neue Vertriebsmethoden, mit denen große Versprechen verbunden werden. Der aktuelle Schlüssel zum Erfolg heißt Social Selling." (Kords 2020)

Die Überschrift des einleitenden Kapitels und die anfänglichen Zitate sollen die kritisch-neutrale Perspektive dieses Werkes verdeutlichen. Unbestritten ist sicherlich, dass sich das Mediennutzungsverhalten der Menschen kontinuierlich verändert und dass der Nutzung sozialer Medien in all deren unterschiedlichen Formen insgesamt ein wachsender Stellenwert attestiert werden kann. Konsumenten informieren sich schon lange und in weiter zunehmendem Maße in sozialen Medien über Produkte und Unternehmen. Bereits im Jahr 2009 überstieg der durch die Nutzung von sozialen Netzwerken entstandene Traffic den durch E-Mails verursachten Datenverkehr mit weiterhin zunehmender Tendenz (Ahearne und Rapp 2010, S. 112; Moore et al. 2015, S. 1). Im Jahr 2020 nutzten ca. 4,0 Mrd. Menschen weltweit, sprich etwa die Hälfte der Weltbevölkerung, soziale Medien aktiv. Die Nutzerzahl erhöht sich ständig: Im letzten Jahr kamen 376 Mio. neue Social-Media-Nutzer (+11 %) dazu (Kemp 2020, S. 7 ff.).

Die Vielfalt der sozialen Medien zeigt das Social Media Prisma (Franke und ethority 2021) in Abb. 1.1. Insbesondere die „Professional Networks" sind für Social Selling im B2B-Kontext interessant. Auch Plattformen, die dazu dienen,

© Der/die Autor(en) 2021
B. Römmelt, *Social Selling im B2B*, essentials,
https://doi.org/10.1007/978-3-658-33772-8_1

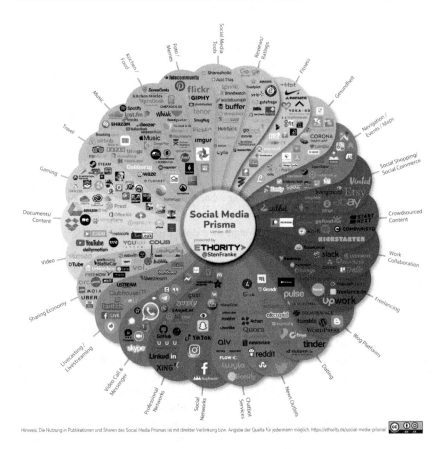

Abb. 1.1 Social Media Prisma (Franke und ethority 2021)

sich als Experte mit Hilfe von Inhalten zu positionieren, können für Social-Selling-Zwecke genutzt werden (z. B. Twitter, Instagram, diverse Blogging-, Video-, Bilder- oder Content-Plattformen).

Aktuell wird Social Selling (besonders im B2B-Sales-Kontext) als besonders heißes Thema in der Praxis diskutiert, wie es mit „neuen" Trends und Buzzwords häufig im Marketing der Fall ist. In der Wissenschaft wurde schon vor einigen Jahren verkündet, dass Social Selling eine „neue Ära" einläutet, in der das professionelle Verkaufen auf der Stärke von Social Media gründet (Agnihotri et al. 2012, S. 341). Allerdings erinnerten die Berater von McKinsey & Company bereits im Jahr 2013 daran, dass es beim Verkauf um mehr gehen sollte als nur um den Verkauf von Dingen. Beim Verkauf ginge es darum, Kunden zu verstehen, mit ihnen zu interagieren und ihnen zu helfen. Soziale Netzwerke sind hierbei wichtige Instrumente, um diese Dinge zu tun und im Verkaufszyklus zu helfen (McKinsey & Company 2013). Genau deshalb können Social-Selling-Ansätze einen großen Mehrwert für den Vertrieb schaffen.

Auf Basis der aktuellen Relevanz des Themas „Social Selling" in Praxis und Wissenschaft soll im weiteren Verlauf geklärt werden, ob es sich nun um ein Buzzword, respektive eine Modeerscheinung handelt oder einen wirklich radikal innovativen Vertriebsansatz. Dazu wird zunächst der aktuelle State of the Art (Begriff, Einordnung ins Vertriebsmanagement, Stand der wissenschaftlichen Forschung sowie der Nutzen- und Wertbeitrag) analysiert. Anschließend werden spezifische Aspekte, die im Kontext des Social Sellings relevant sind, vorgestellt (Content Marketing, Personal Branding, Employee Advocacy, Influencer Marketing im B2B-Kontext, Social Listening). Weiterhin werden Praxisherausforderungen, typische Plattformen und Tools sowie Risiken des Social Sellings diskutiert. Schließlich wird versucht, die Frage aus der Überschrift dieses Kapitels zu beantworten und einen Ausblick zu wagen.

State of the Art des Social Sellings

2

2.1 Begriffsbestimmung: Wissenschafts- und Praktiker Perspektiven

Sowohl Praktiker als auch Akademiker diskutieren Social Selling als einen prominenten aktuellen Verkaufsansatz mit beträchtlichem Potenzial. In der Praxis interpretiert jeder Experte den Begriff „Social Selling" selbst. Der wissenschaftlichen Forschung fehlt eine gemeinsam vereinbarte, empirisch fundierte und theoretisch strenge Definition des Begriffs „Social Selling" (Ancillai et al. 2019, S. 295; Barney-McNamara et al. 2020, S. 6 f.). Im Folgenden sollen die wesentlichen Elemente des Begriffs synthetisch erarbeitet werden. Grundsätzlich ist Social Selling ein Vertriebsansatz, der die Prinzipien des digitalen Marketings auf den Vertrieb anwendet (Kühnl und Frank 2019). Social Selling ist nicht nur ein neues Werkzeug, sondern definiert den traditionellen Verkaufsprozess neu. Allerdings ist die Literatur zu Social Selling weit gestreut und bietet keine einheitliche Definition oder ein erprobtes Konstrukt zur Umsetzung (Barney-McNamara et al. 2020).

Einen Überblick über ausgewählte Definitionsansätze aus Wissenschaft und Praxis gibt Abb. 2.1. Die Definitionen sind partiell sehr unterschiedlich und bieten dennoch an vielen Stellen gemeinsame Perspektiven. Auf dieser Basis soll nun synthetisch eine allgemeine Arbeitsdefinition des Begriffs „Social Selling" erarbeitet werden, die diesem Werk zugrunde liegt. Der kleinste gemeinsame Nenner lässt sich wie folgt in der Kurzdefinition zusammenfassen:

▶ **Kurzdefinition: Social Selling** **Social Selling** ist die beziehungsorientierte Nutzung von sozialen Medien zur Erreichung von Vertriebszielen.

© Der/die Autor(en) 2021
B. Römmelt, *Social Selling im B2B*, essentials,
https://doi.org/10.1007/978-3-658-33772-8_2

Praxisperspektive	Definitionsansätze "Social Selling"	Wissenschaftsperspektive
"[…] die Kunst, Social Media-Netzwerke dazu einzusetzen, **Interessenten zu finden,** zu **kontaktieren, zu verstehen und diese Kontakte zu pflegen** […]." (Hootsuite, 2017)	Social Selling definieren wir dabei als den Prozess, der unter Einbindung mehrerer Abteilungen, versucht, **über soziale Netzwerke** wie zum Beispiel Facebook, LinkedIn und Xing **Kontakt zu bisher unbekannten, potenziellen Kunden** herzustellen oder mit bereits bestehenden Kunden den **Kontakt zu intensivieren,** um mit diesen vermehrt **ins Gespräch zu kommen** und deren Herausforderungen zu erkennen. (Schmäh et al., 2016, S. 17)	"[…] harness the power of social media to **gain relational benefits.**" (Agnihotri et al., 2012, S. 341)
"[…] Vertriebler generieren **neue Leads** über soziale Netzwerke. Doch nicht alle wissen, wie sie Social Media richtig einsetzen, um es **effektiv für die Kundenkommunikation** und -gewinnung zu nutzen" (XING, 2020b).		"[…] social selling is better understood as a selling approach which focuses on implementing **digital marketing principles,** including **content marketing** and **social media marketing,** at the sales force level." (Ancillai et al., 2019, S. 294)
"[…] sich mit Hilfe des geschäftlichen Online-Profils **einen Namen machen,** um ihre Sales-Pipline mit den richtigen **Interessenten, relevanten Informationen und Kontakten** zu füllen." (Mundt, 2019)	"[…] social selling, the strategy of adding **social media to the sales professional's toolbox.** With social selling, salespeople use social media platforms to **research, prospect, and network by sharing educational content and answering questions.** As a result, they're able to **build relationships** until prospects are ready to buy." (Minsky & Quesenberry, 2016, S. 3)	"[…] ability to use **knowledge about customers and the network of customer relationships** to effectively navigate the firm's sales cycle." (Trainor, 2012, S. 324)
"Social selling is about leveraging your social network to **find the right prospects, build trusted relationships,** and ultimately, **achieve your sales goals.** […] **Building and maintaining relationships** is easier within the network that you and your customer trust." (LinkedIn, 2020)		"[…] social selling, i.e., prospecting, initial contact, sales presentation, handling objections, and follow-up/post-sale service." (Moore et al., 2015, S. 2)
"We define Social Selling as the process of using social media to **prospect, research, engage, collaborate, network, teach and close all with the purpose of attaining quota and increasing revenue.**" (Keenan & Giamanco, 2012)	Der Prozess einer **regelmäßigen Kontaktaufnahme** und des **Bereitstellens von zielgerichteten Informationen** wird unter dem Begriff des Social Sellings zusammengefasst. (Spandl, 2020, S. 3)	"Social selling integrates **personal branding, information exchange, networking,** and **social listening** into all stages of the sales process **using social media, CRM,** and **salesforce technology.**" (Barney-McNamara et al., 2020)
"Social selling is when salespeople use social media **to interact directly with their prospects.** Salespeople will provide value by answering prospect questions and offering thoughtful content until the prospect is ready to buy." (Kusinitz, 2017)	„Eine besondere Form des **Internet-basierten Vertriebs** stellt das Social Selling […] dar. Social Selling umfasst die **Identifikation, Kontaktaufnahme und Kommunikation mit aktuellen und potenziellen Kunden** über soziale Medien." (Homburg, 2020, S. 974)	„Social Selling ist ein innovativer Vertriebsansatz, der die sozialen Medien für die **Kontaktaufnahme, Kundenakquise und Kundenpflege** gezielt einsetzt […] . Social Selling ist somit ein Element des digitalen Marketings, das die sozialen Medien für **vertriebliche Zwecke** nutzt. Im Vordergrund steht dabei nicht der kurzfristige Vertriebserfolg, sondern der **systematische Aufbau und die Pflege von nachhaltigen Geschäftsbeziehungen** " (Kühnl & Frank, 2019, 19).

Abb. 2.1 Social Selling – Definitionsansätze aus Wissenschaft und Praxis (Agnihotri et al. 2012, S. 341; Ancillai et al. 2019, S. 294; Barney-McNamara et al. 2020; Homburg 2020b, S. 974; Hootsuite 2020; Keenan und Giamanco 2012; Kühnl und Frank 2019, S. 19; Kusinitz 2017; LinkedIn 2020b; Minsky und Quesenberry 2016, S. 3; Moore et al. 2015, S. 2; Mundt 2019; Schmäh et al. 2016, S. 17; Spandl 2020, S. 3; Trainor 2012, S. 324; XING 2020b)

Der Vorteil dieser Kurzversion ist, dass man hierunter sehr viele der möglichen und sehr unterschiedlich gelebten Ausprägungen von Social Selling subsumieren kann. Im Kern soll Social Selling immer auf den Vertrieb einzahlen, selbst wenn die Social-Selling-Maßnahmen teilweise noch weit vom konkreten Verkaufsabschluss entfernt sind. Auf der anderen Seite greift diese Definition dennoch etwas kurz, da im Grunde alle Marketingmaßnahmen in sozialen Netzwerken langfristig auf den Verkauf der eigenen Leistungen abzielen. Ausnahme hiervon wären Maßnahmen zur Personalgewinnung über soziale Netzwerke im Rahmen des Personalmarketings.

Essenziell ist hierbei das Wort „beziehungsorientiert". Der Betrieb eines Shops in Facebook, das Schalten klassischer Werbeanzeigen inInstagram mit Links auf den eigenen Shop oder die Massenkommunikation über Influencer (z. B. Verkaufsförderung mit Rabattcodes) sind deshalb nicht unter Social Selling zu subsummieren.

Um konkreter zu werden und typische Berührungspunkte und Maßnahmen des Social Sellings darzustellen, soll nun eine ausführlichere Definition folgen:

▶ **Definition: Social Selling** **Social Selling** ist die Nutzung von beziehungsorientierten, sozialen Netzwerken zur Erreichung von Vertriebszielen. Social Selling findet in unterschiedlichen Phasen einer Beziehung bzw. des Kundenlebenszyklus statt:

- Allgemeine Informationssammlung (z. B. Social Listening, Screening der eigenen Kontakte, der Ziel-Branche und des Wettbewerbs)
- Suche nach interessanten neuen Kontakten, insbesondere potenziellen Interessenten an der eigenen Leistung
- Gezielte Kontaktanbahnung und Herstellung von Kontakten
- Aufnahme der 1:1-Kommunikation mit neuen und bestehenden Kontakten
- Systematischer, nachhaltiger Beziehungsaufbau und -pflege

Social Selling bedient sich häufig insbesondere folgender (Marketing-)Maßnahmen:

- Content Marketing: Bereitstellung von zielgruppenrelevantem Content (Beiträge in Foren, Gruppen oder direkt im eigenen Profil, Whitepaper, Vorträge, Webinare, Events etc.)
- Informationsaustausch und direktes Interagieren in sozialen Netzwerken (Kommentieren, Diskutieren, Beantwortung von Fragen, Eingehen auf Einwände, Teilen, Liken etc.)
- Personal Branding (Eigendarstellung als Experte)
- Employee Advocacy (positive Fürsprache für den Arbeitgeber durch Nutzung der Mitarbeiter(profile) als Medium)

Social Selling ist keineswegs ausschließlich Sache des Vertriebs. Auch für Mitarbeiter im Marketing bietet es neue Möglichkeiten, Kontakte zielorientiert zu erreichen und zu pflegen (Mundt 2019). Zudem sind natürlich Social Selling betreibende Vertriebler auf Zuarbeiten, Inhalte, Ideen, Trends etc. aus dem Marketing, der Forschung und Entwicklung oder anderen Abteilungen angewiesen, um relevanten Content in ihre Social-Selling-Aktivitäten einbringen zu können.

Hierfür existieren diverse Tools zur technischen Unterstützung und Erleichterung der Social-Media-Arbeit (vgl. dazu Abschn. 4.1).

Die heutzutage multiplen Kundenkontaktpunkte (Touchpoints) mit dem Unternehmen führen dazu, dass auch über Mitarbeiter aus allen anderen Unternehmensbereichen wie Entwicklung, Produktion, Management etc. interessante Kontakte auf das Unternehmen zukommen können.

Zunächst mag man beim Begriff „Social Selling" bei dieser Definition an eine externe Perspektive denken. Jedoch kann Social Selling auch für interne Zielgruppen wirken. Schmäh et al. (2016) sehen neben der typischen Perspektive des externen Social Selling mit dem Ziel der Akquise neuer Kunden und der Überführung des Sales-Prozesses in die digitale Welt auch das interne Social Selling. Dabei liegt der Fokus auf der „Implementierung eines Informationssystems innerhalb der Unternehmung, mit dem Ziel, einen lückenlosen und effizienten Informationsaustausch zwischen Mitarbeitern und Abteilungen zu gewährleisten, um so den Verkauf zu unterstützen." (Schmäh et al. 2016, S. 18). Dabei lassen sich in diesem Bereich zahlreiche technologische Chat-, Community-, Social-Command- und SaaS-Lösungen finden, die allerdings nur mit ausreichend Training der Mitarbeiter ihr volles Potenzial entfachen können.

2.2   Einordnung ins Marketing- und Vertriebsmanagement

Social Selling lässt sich nicht einfach als ein Instrument neben anderen ins Marketing und den Vertrieb einordnen, da es auf verschiedenen Ebenen eine Rolle spielt. Social Selling lässt sich sowohl als (strategisches und/oder operatives) Vertriebsinstrument, als vertriebsorientierter Kommunikationskanal oder verbindendes Element anderer Vertriebsansätze ansehen. Zugleich spielt Social Selling eine thematische Rolle in diversen Marketingfeldern. Die Buzzword Map in Abb. 2.2 versucht, die wichtigsten vom Social Selling tangierten Begriffe und Felder des Marketings abzubilden (ohne einen Anspruch auf Vollständigkeit zu erheben). Einige dieser Begriffe haben eine derart spezifische Relevanz für das Social Selling, dass diesen im weiteren Verlauf dieses Buches eigene Abschnitte gewidmet sind (Content Marketing, Influencer Marketing, Personal Branding, Employee Advocacy).

Gemäß der oben entwickelten Definition ist Social Selling eine Ausprägung von Social-Media-Marketing und damit des digitalen Marketings. **Digitales Marketing** umfasst klassischerweise im Kern die Themenbereiche (Corporate-)Website, Targeting, Online-Werbung, Suchmaschinenmarketing (Search Engine Marketing, SEM) mit seinen Teilbereichen Search Engine Advertising (SEA)

Für die grauh interlegten Begriffe existieren eigene Abschnitte in diesem Essential

Abb. 2.2 Versuch einer Einordnung des Social Sellings ins Marketing: Social Selling Buzzword-Map

und Search Engine Optimization (SEO), E-Mail-Marketing, Mobile Marketing, Affiliate Marketing und natürlich das Social Media Marketing (Kreutzer 2019; Rüden et al. 2020). „Im Zuge des **Social-Media-Marketings** versuchen Unternehmen, soziale Medien zur Erreichung eigener Marketing-Ziele nutzbar zu machen." (Kreutzer 2018b, S. 1). Unter sozialen Medien werden Online-Medien und Technologien verstanden, die einen Informationsaustausch und eine Zusammenarbeit online ermöglichen, die weit über die klassische E-Mail-Kommunikation hinausgehen (Kreutzer et al. 2020, S. 236). Neben den sozialen Netzwerken zählen Media-Sharing-Plattformen, Social Bookmarking, Messenger-Dienste, (Mikro-)Blogs, Online-Foren und Online-Communitys zu den sozialen Medien (Kreutzer 2018b, S. 31 ff.; Wille-Baumkauff 2015, S. 68). Während bei den meisten Maßnahmen im Social Media Marketing in der Regel eine Vielzahl von definierten Käufersegmenten (Zielgruppen) erreicht werden soll (Beziehung: 1-zu-n) steht beim Social Selling hingegen die individuelle, gezielte Kontaktaufnahme zu den einzelnen Beteiligten des Kaufprozesses (Beziehung: 1-zu-1) im Vordergrund

(Schmäh et al. 2016, S. 17). Beim Social Media Marketing spricht eine Marke also viele Menschen an und zielt z. B. darauf ab, die allgemeine Markenbekanntheit zu erhöhen oder ein bestimmtes Produkt oder eine bestimmte Dienstleistung zu fördern, indem sie Inhalte produziert, die die Benutzer mit ihrem Netzwerk teilen. Social Selling dagegen konzentriert sich auf die Produktion fokussierter Inhalte und die Bereitstellung von 1:1-Kommunikation zwischen dem Verkäufer und dem Käufer. Beide Strategien schaffen wertvolle Inhalte aus der Perspektive des Konsumenten und verwenden ähnliche soziale Netzwerke und Social Software Tools. Beim Social Selling ist es jedoch das Ziel, dass der Vertreter eine Beziehung zu jedem Interessenten aufbaut, Vorschläge macht und Fragen beantwortet, anstatt eine Affinität zur Marke des Unternehmens aufzubauen (Minsky und Quesenberry 2016, S. 3).

Somit ist Social Selling auch ein Ansatz für das **One-to-one Marketing**. Unter One-to-One Marketing versteht man kundenindividuelles Marketing. Förster und Kreuz (2006, S. 120) bringen es auf den Punkt: „Behandle unterschiedliche Kunden auf unterschiedliche Weise!" Anstatt nur Produkte, Vertriebskanäle und Absatzprogramme zu verwalten und die Marktforschung zu bemühen, wird der Dialog mit dem Kunden gesucht, um von ihm selbst zu erfahren, was er wirklich will. Dadurch, dass ein Anbieter, unterschiedliche Kunden unterschiedlich behandelt, erhöht sich der Nutzen für den einzelnen Kunden. Heutzutage kann dabei das individuelle Bedürfnis auch partiell automatisiert (vgl. Amazon Empfehlungen) oder zumindest datengestützt erkundet werden. Die Kundenbindung und damit die Profitabilität des einzelnen Kunden für das Unternehmen nimmt zu. Das Ausmaß des Individualisierungsgrads hängt vom zu erwartenden Customer Lifetime Value des einzelnen Kunden ab. One-to-one Marketing kann natürlich sehr aufwendig werden (Förster und Kreuz 2006, S. 105 ff.). Gerade im B2B-Kontext kann sich dieser Aufwand lohnen. Genau diese individuelle Behandlung des Kunden ist, was im Kontext des Social Sellings erreicht werden kann bzw. passieren sollte.

Der Begriff „Direktmarketing" (synonym **Dialogmarketing**) ist dem One-to-One Marketing sehr nahe, fokussiert jedoch zunächst auf den kommunikativen Aspekt. Bruhn (2019, S. 237) definiert Direktmarketing als „sämtliche Kommunikationsmaßnahmen, die darauf ausgerichtet sind, durch eine gezielte Einzelansprache einen direkten Kontakt zum Adressaten herzustellen und einen unmittelbaren Dialog zu initiieren oder durch eine indirekte Ansprache die Grundlage eines Dialoges in einer zweiten Stufe zu legen, um Kommunikations- und Vertriebsziele eines Unternehmens zu erreichen." (Bruhn 2019, S. 237). Betrachtet man diese Definition, wird schnell klar, dass Social Selling eine Maßnahme ist, um gezielt und direkt Kontakt zu einem Ansprechpartner zu suchen und den Dialog aufzunehmen. Somit ist Social Selling Bestandteil des Direktmarketings.

Social Selling lebt von Dialog und kundenindividuellem Beziehungsaufbau. Eine kurzfristige Transaktionsorientierung wie häufig im Influencer Marketing (z. B. durch die Nutzung von Rabattcodes) ist kein Kernelement von Social Selling. Im weiteren Kontext betrachtet ist Social Selling somit ein (neues) Instrument im Kontext **des Beziehungsmanagements (Customer Relationship Management, CRM):** Dem Beziehungsaufbau und der Pflege widmet sich mit dem Beziehungsmanagement seit langem ein breiter Forschungszweig. Unstrittig ist, dass gute Kundenbeziehungen zu Loyalität der Kunden und damit zu langfristig höheren Kundenumsätzen und Cross-Selling-Potenzialen führen. Damit gehen eine größere Toleranz gegenüber Preisanpassungen und folglich höheren Kundendeckungsbeiträgen einher und die Weiterempfehlung steigt (vgl. für viele andere z. B. Bill 2015, S. 15 ff.; Buzzell und Gale 1989, S. 92; Heskett et al. 1994, S. 166; Kumar und Reinartz 2018, S. 3 ff.; Reichheld und Sasser 1990, S. 105; Römmelt 2014, S. 7 ff.; Woratschek 2002, S. 30, 2004, S. 76; Zeithaml et al. 1996, S. 33). Das Social Selling lässt sich als ein Instrument des Beziehungsmanagements sehen, mit dem sich Beziehungen operativ pflegen lassen.

Customer Journey ist eines der beliebtesten Buzzwords der Marketingpraxis der letzten Jahre, wenngleich die Grundidee des (Serivce-)Blueprintings nicht neu ist (vgl. z. B. bei Bitner et al. 2008; Pastowski 2004, S. 69). Customer Journey steht für ein Modell des Kaufprozesses aus der Perspektive des Kunden. Bruhn (2019, S. 210) nennt beispielsweise folgende Phasen: Anregungsphase, Suchphase, Auswahlphase, Kaufphase, Nachkaufphase. Ein Kontaktpunkt (Touchpoint) ermöglicht einen Kontakt zwischen Anbieter und Nachfrager. Ein Touchpoint „erfüllt in Abhängigkeit seiner Ausgestaltung Funktionen der Kundenansprache, der Kundeninformation und Kommunikation, der Interaktion, der Distribution von Leistungen, der Nutzenstiftung durch die bereitgestellten Leistungen sowie unterschiedliche Formen des Kundenservice" (Meffert et al. 2019, S. 126). Das Modell soll die möglichen Touchpoints des Kunden mit dem Unternehmen erfassen. Diese können offline oder online ausgestaltet sein (Bruhn 2019, S. 219). Das Prozessmodell sieht zwar einen typischen Ablauf vor, jedoch kann jeder Touchpoint auch mehrfach vom Kunden „berührt" werden. Die Reihenfolge kann zwischen unterschiedlichen Kunden variieren, und nicht alle Kunden gelangen während der Journey an alle Touchpoints. Typische offline Touchpoints sind z. B. TV-Spots, Preislisten, Messen, Verkäufer, Handel, Empfehlungen etc. Online Touchpoints sind Websites, Newsletter, Suchmaschinen, Influencer, Foren, Blogs, Apps, Influencer etc. und natürlich soziale Medien. Soziale Medien können in unterschiedlichen Phasen als Touchpoints dienen, womit Social Selling in mehreren Phasen des Kaufprozesses eine Rolle spielen kann.

Während B2C-Vertrieb in der Regel auf zwar möglichst zielgruppengerechter und teils (automatisiert) individualisierter Massenkommunikation basiert, baut der **B2B-Vertrieb** auf individuellen Beziehungen auf. Gemäß oben vorgestellter Definition unterstützt Social Selling bei der Kontaktanbahnung, -herstellung und -aufnahme von 1:1-Kontakten. Zudem helfen Social-Selling-Maßnahmen bei der systematischen und nachhaltigen Beziehungspflege. Somit ist Social Selling für den Einsatz im B2B-Kontext prädestiniert.

Dabei kann Social Selling an unterschiedlichen Punkten des **Sales Funnels** (Verkaufstrichters, teils auch Brand oderMarketing Funnel genannt) eine Rolle spielen. Der Sales Funnel ist ein lineares Prozessmodell, das einzelne Phasen des Verkaufsprozesses abbildet und der Steuerung des Vertriebs dient. Insbesondere werden quantitative und qualitative Kennzahlen vom ersten Kundenkontakt bis hin zur Konvertierung in zahlende Kundschaft erhoben. Das in der Praxis (auch durch zahlreiche renommierte Unternehmensberatungen) etablierte Konzept kann unterschiedlich konkretisiert werden (folgende Prozessbeschreibung orientiert sich im Wesentlichen an Dierks 2017, S. 9). Meist soll in der ersten Stufe Awareness (Bekanntheit) für die Marke oder das Produkt geschaffen werden. Im zweiten Schritt geht es um Wissen und Vertrautsein mit Marke, Produkten oder Leistungen. In der Phase „Consideration" denkt der Kunde über den Kauf der Marke nach, der Kunde ist also „vorqualifiziert". An dieser Stelle setzt gern der Vertrieb an, da der potenzielle Interessent nun in die **Sales Pipeline** gelangt: ein vorqualifizierter Lead aus Vertriebsperspektive besteht aus Name und Kontaktdaten, die grundsätzlichen Bedarf haben (Hase und Busch 2018, S. 14). Im nächsten Schritt werden (nach Möglichkeit) Präferenzen für das eigene Angebot geschaffen, die (bestenfalls) in den Kauf münden. Bei kurzfristiger Transaktionsorientierung wäre der Funnel hier beendet, jedoch wird heutzutage der nächste Schritt in der Kundenloyalität (Wiederkauf) und weitergehend in der Weiterempfehlung gesehen. Im Gegensatz zur Customer Journey sind Funnel-Modelle häufig konsekutiv modelliert, ohne rekursive Verbindungen vorzusehen. Teils werden Funnel als zu transaktionsbezogen und zu wenig beziehungsorientiert gesehen (Dierks 2017, S. 16). **Leadgenerierung** bedeutet in diesem Kontext, die zur Verfügungstellung von qualifizierten Kontakten, die vom Vertrieb weiterverarbeitet werden können. Mittels Content Marketing lässt sich Brand Awareness und Vertrauen schaffen. Der besondere Nutzen von Social Selling liegt allerdings im nächsten Schritt des Sales Funnels: Mithilfe der Suchfunktion in den sozialen Netzwerken lasst sich das Finden von passenden Personen und die Kontaktherstellung erleichtern. Zudem lassen sich über Social-Selling-Aktivitäten die Beziehungen pflegen.

Fazit zur Einordnung des Social Sellings ins Marketing- und Vertriebsmanagement

Social Selling spielt in vielen unterschiedlichen Marketing- und Vertriebskonzepten eine Rolle und verbindet diese. Als eine eigene, von anderen Instrumenten losgelöste Disziplin ist Social Selling nicht zu bezeichnen, sondern es ist eine von vielen möglichen Vorgehensweisen (Strategien) vor allem im beziehungsorientierten B2B-Marketing.

2.3 Nutzen und Wertbeitrag des Social Sellings

Die Fachliteratur bietet zahlreiche Hinweise auf den möglichen Nutzen von Social Selling (Zusammenfassung der folgenden Ausführungen in Abb. 2.3). Sowohl Praktiker als auch Akademiker diskutieren Social Selling als **einen aktuellen**

Abb. 2.3 Zusammenfassende Übersicht des Nutzens von Social Selling

Verkaufsansatz mit beträchtlichem Potenzial im Bereich des B2B-Verkaufs (Ancillai et al. 2019; Leeflang et al. 2014; Salo 2017).

Mit direkten Vernetzungsanfragen über soziale Medien lässt sich das **Kontaktnetzwerk effizient erweitern** (Kühnl und Frank 2019, S. 18). Grundsätzlich erleichtert bereits die Nutzung sozialer Netzwerke nicht nur den Aufbau, sondern insbesondere die **Pflege von Kundenbeziehungen und die Interaktion** mit den Kunden (Agnihotri et al. 2012; Bocconcelli et al. 2017; Lacoste 2016).

Soziale Medien können von Vertrieblern einfach genutzt werden, um **Informationen über Kunden** zu sammeln, die zu einem **besseren Kundenverständnis** führen (Lacoste 2016, S. 38). Berichte von Firmen wie Adobe, IBM oder Maersk Line sowie von Beratern weisen darauf hin, dass soziale Medien und digitale Kanäle im Verkauf genutzt werden können, um einen **effektiven Dialog mit Käufern zu erleichtern** (Ancillai et al. 2019, S. 293; Kovac 2016; McKinsey & Company 2013). So beeinflusst das Ausmaß der Social-Media-Nutzung durch den Vertriebler signifikant positiv – wenn auch nur in relativ geringem Maße – den Informationsaustausch mit dem Kunden. Je höher dieser Informationsaustausch, desto höher wiederum ist die **Reaktionsfähigkeit** des Vertriebsmitarbeiters in der Zusammenarbeit mit dem Kunden (Agnihotri et al. 2017, S. 177). Die besondere Relevanz des Social Sellings zeigt sich darin, dass die Nutzung sozialer Medien durch den Vertriebsmitarbeiter sowie durch den Kunden die **Kundenloyalität steigern** können (Bill 2015, S. 71).

Vertriebler versuchen mit Hilfe von Social Selling ihre **Reputation zu erhöhen,** indem sie Expertenblogs erstellen oder zu spezifischen Communities gehören, Beiträge verfassen und teilen (Lacoste 2016, S. 39; Rollins et al. 2014). Sie können dadurch sogar sozialen **Einfluss in den Online-Communities** nehmen (Wang et al. 2016).

In einer Studie unter Top-Managern (McKinsey & Company 2015) erkannten die Befragten messbaren Nutzen durch soziale Technologien bei der Zusammenarbeit mit externen Stakeholdern. Dazu gehörte die **erhöhte Schnelligkeit beim Zugriff auf Wissen** (66 % Zustimmung), **reduzierte Kommunikationskosten** (60 %) und **Einsparungen bei Reisekosten** (49 %).

Die akademische Forschung hat zudem nachgewiesen, dass die Nutzung von Social Media im **Vertrieb positiv mit dem Wissen der Vertriebsmitarbeiter über den Kunden, dem Verkaufsverhalten sowie sogar der Verkaufsleistung korreliert** (z. B. Itani et al. 2017; Rodriguez et al. 2016). Informationen aus den sozialen Netzwerken verbessern das Verständnis für das Beziehungsnetzwerk der Interessenten bzw. Kunden. Zudem liefern sie Erkenntnisse über deren externe Beziehungen und aktuelle Daten über ihre Aktivitäten. Diese Einblicke helfen Vertrieblern im gesamten Verkaufszyklus (Trainor 2012, S. 324 f.). Eine

Befragung von Vertriebsmitarbeitern in den USA beispielsweise ergab bereits vor einigen Jahren, dass drei Viertel der Verkäufer, die soziale Medien als Teil ihres Verkaufsprozesses nutzen, ihre Vertriebskollegen übertrafen. Zudem hatten bereits 54 % ein Geschäft als direkte Folge von Social-Media-Aktivitäten abgeschlossen (Keenan und Giamanco 2012, S. 5 ff.). Schultz et al. weisen explizit einen positiven Effekt vom Umfang der Social-Media-Nutzung bei B2B-Vertrieblern auf deren Verkaufsleistung nach (Schultz et al. 2012). Allerdings zeigen Schultz et al. auch, dass eine hohe Kundenorientierung des Vertrieblers einen stärkeren Effekt auf dessen Verkaufsleistung hat als die Nutzung von Social Media durch den Mitarbeiter. Auch ein guter Sales-Prozess hat einen deutlich höheren Einfluss auf die Qualität der Kundenbeziehung als die Nutzung von Social Media (Rodriguez et al. 2016, S. 373). Im direkten Vergleich von Vertrieblern, die Social Selling nutzen, mit solchen, die es nicht nutzen, schneiden die Social Seller besser ab (vgl. Abb. 2.4). Gehen wir einmal davon aus, dass besonders fleißige und engagierte Vertriebsmitarbeiter alle (technischen) Möglichkeiten – also auch Social-Selling-Aktivitäten – zur Vertriebsarbeit nutzen, ist fraglich, was die Ursache für die bessere Zielerreichung ist: Grundsätzlicher Fleiß, ständiges Engagement und hohe aufgabenspezifische Kompetenzen des Mitarbeiters oder das akutell häufig gehypte Social Selling? Allerdings kann weder mit der Studie von Ostrow (2013) und auch keiner weiteren (dem Autor bekannten) bis dato publizierten Studie der positive Effekt von Social Selling kausal nachgewiesen werden.

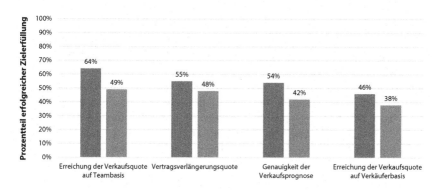

Abb. 2.4 Effekte von Social Selling auf Vertriebs-KPIs (Ostrow 2013)

Die meisten Studien legen nahe, dass die Nutzung von Social **Media keinen direkten Einfluss auf das Vertriebsergebnis hat, sondern dass es sich lediglich um einen Mediatoreffekt** handelt. Die Social-Media-Nutzung wirkt somit indirekt über andere Einflussgrößen wie z. B. eine über Social-Media-Kontakte verbesserte Beziehung zum Kunden oder eine höhere Anpassungsfähigkeit des Vertrieblers (Agnihotri et al. 2016, S. 172; Agnihotri et al. 2017, S. 146; Itani et al. 2017, S. 67; Ogilvie et al. 2018, S. 63; Rodriguez et al. 2012, S. 374; Rodriguez et al. 2016, S. 367; Trainor et al. 2014, S. 1202).

Der professionelle Gebrauch von CRM-Tools und die Nutzung von Social-Media-Netzwerken wie Xing, LinkedIn und anderen gehören heutzutage also zu den wichtigsten Grundlagen einer erfolgreichen Vertriebsarbeit. Damit tun sich aber viele Vertriebsorganisationen immer noch schwer (Zupancic 2019, S. 21). Es lassen sich **Mängel in Wissen und in der Anwendung** sowohl in der Praxis als auch im akademischen Kontext beobachten: Die effektivsten Hebel zur Nutzung von Social Media zum Verkauf und zur Messung des Wertes für die Unternehmen sind häufig noch nicht identifiziert (Ancillai et al. 2019, S. 293; McKinsey & Company 2015). Forrester Consulting bescheinigt in einer Studie unter B2B-Unternehmen, dass diese die Wichtigkeit von Social Selling erkannt haben. Jedoch erfolgt die Nutzung durch Vertriebsmitarbeiter im B2B-Kontext nicht immer systematisch und umfassend (Forrester Consulting 2017). Dies ist insbesondere vor dem Hintergrund, dass die systematische Nutzung von **Social CRM** (vgl. hierzu Abschn. 4.4) einen nachgewiesenen **positiven Einfluss auf die Beziehung zum Kunden** (Trainor et al. 2014) hat, überraschend.

In ähnliche Richtung argumentieren Schmäh et al.: So unterliegt zwar der Vertrieb einem Wandel, jedoch scheint das Konzept des Social Sellings für viele Unternehmen noch völliges Neuland. Ein Großteil der Unternehmen erkennen noch nicht die positive Wirkung von Social Selling auf das Betriebsergebnis (Schmäh et al. 2016, S. 17).

Insgesamt scheint Social Selling in B2B-Branchen relevanter als im B2C-Kontext. Vertriebsmitarbeiter im B2B-Kontext nutzen beziehungsorientierte Social-Media-Technologien häufiger als Vertriebler im B2C-Kontext (Moore et al. 2015, S. 11). Salesmanager im B2B-Kontext bedienen sich häufiger sozialer und beruflicher Netzwerke, Online-Konferenzen und Webinaren sowie Austauschplattformen für Präsentationen als ihre B2C-Kollegen. Auch der Großteil der akademischen Forschung bezieht sich auf den B2B-Kontext (Itani et al. 2017, S. 66 f.).

Bei aller Euphorie zum Thema muss jedoch attestiert werden, dass die Grundideen des Social Sellings keineswegs neu sind. Schon sehr lange weiß man, dass Kaufentscheidungen – im B2B-Kontext explizit die von Organisationen – von individuellen Beziehungen in sozialen Netzwerken der Entscheider (insbesondere hinsichtlich Gatekeeping und Fürsprache) beeinflusst werden (Bristor 1992). Der größte Unterschied, wenn Bristor (1992) von „social networks" spricht, ist, dass sie das persönliche, zwischenmenschliche Netzwerk der Einkäufer meint. Neu am heutigen Social Selling ist (lediglich), dass nun die Kontakte auf digitale Weise mittels Facebook, LinkedIn, Xing und Co. erfolgen.

"We need to remember that sales should be about more than just selling things. Sales should be about understanding customers, interacting with them, helping them. Social is an important tool for us to do those things and, ultimately, help in the sales cycle." (McKinsey & Company 2013)

Fazit zum Nutzen und Wertbeitrag des Social Sellings

Social Selling hat einen nachgewiesenen Nutzen für den B2B-Vertrieb. Die Größe des Nutzens und der Effekt im Vergleich zu anderen Maßnahmen ist nicht untersucht. Bahnbrechend innovativ ist der Ansatz grundsätzlich nicht. Wie bei vielen neuen Technologien und Vertriebsansätzen üblich, werden dem Social Selling in der ersten Zeit viele Vorschusslorbeeren zuteil.◄

Spezifische Ansätze im Kontext des Social Sellings

3

3.1 Content Marketing

Medialisierung, Digitalisierung, Individualisierung und die Peer-to-peer-Kommunikation zusammen mit einem Gefühl der kommunikativen Überforderung verändern die grundsätzlichen Rahmenbedingungen der Unternehmens- und Marketingkommunikation und zeigen die Grenzen der bisherigen Kommunikationsformate auf. Diese Erkenntnisse verlangen nach neuen Ansätzen in der Kommunikation. Sie erfordern den Wechsel von Push- zu mehr Pull-Kommunikation (Uhl 2020, S. 7). Genau hier setzt das Content Marketing an. Trotz der seit einigen Jahren in der Praxis proklamierten Relevanz von Content Marketing, sucht man den Begriff „Content Marketing" in einigen der großen deutschen Grundlagenlehrbüchern vergebens: So verzichten Homburg in den Werken „Grundlagen des Marketingmanagements" (Homburg 2020a) und „Marketingmanagement" (Homburg 2020b) und Bruhn in „Marketing – Grundlagen für Studium und Praxis" (Bruhn 2019) auf die Diskussion dieses Marketingansatzes. Möglicherweise liegt das daran, dass die Grundidee so augenscheinlich ist, dass man sie nicht extra betonen muss:

▶ **Definition: Content Marketing** „Unter **Content-Marketing** werden strategisch fundierte Maßnahmen zur Erstellung und Verbreitung von nützlichen Medieninhalten verstanden, die das Ziel haben, beim Adressaten marktrelevante Einstellungen und Verhaltensweisen im Sinne der Unternehmensziele zu verändern." (Meffert et al. 2019, S. 751)

Im Kontext des digitalen B2B-Marketings und damit auch im Rahmen des Social Sellings lässt sich Content Marketing als eine Inbound-Marketingtechnik bezeichnen, bei der beispielsweise über Webseiten oder soziale Medien nützliche Inhalte

© Der/die Autor(en) 2021
B. Römmelt, *Social Selling im B2B*, essentials,
https://doi.org/10.1007/978-3-658-33772-8_3

zur Verfügung gestellt werden, die zur Erlangung und Aufrechterhaltung von Markenvertrauen dienen. Um nun Inhalte zu schaffen, die für ein B2B-Publikum wertvoll und relevant sind, müssen die Social Seller ein Verständnis über die Informationsbedürfnisse der potenziellen Kunden und deren Kaufentscheidungsprozess entwickeln. Wertvolle Inhalte sind relevant, nützlich, überzeugend und aktuell. Content Marketing erfordert einen kulturellen Wandel vom „Verkaufen" zum „Helfen" (Holliman und Rowley 2014, S. 269).

Der Begriff „Content" beschreibt jegliche Form von Inhalten, die Ton, Text, Stand- und Bewegtbild umfassen können (Kreutzer 2019, S. 6). Es lassen sich zahlreiche unterschiedliche Typen von Inhalten schaffen: Dazu gehören im einfachsten Fall eigene Beiträge in sozialen Netzwerken und auch Diskussionsbeiträge und Antworten auf Beiträge anderer. Zudem sind Blogs, Videos, downloadbare Berichte, Studien oder Whitepaper, E-Books, Pressemitteilungen, Podcasts, Newsletter, Ratgeberseiten, Präsentationen, Anleitungen oder Lexika (Wikis) nutzbar, um sich mit Inhalten zu positionieren. Sogar die Schaffung diverser Veranstaltungen und Events lassen sich als Content subsumieren.

Jedoch müssen bei der Schaffung von neuem Content stets die Relevanz und der Nutzen der Inhalte für die Zielgruppe im Fokus stehen. Die Nachfrage nach Informationen und Unterhaltung im Netz lässt nicht nach, jedoch ist das bestehende Content-Angebot schon heute weitaus größer als der tatsächliche Bedarf. Jeder neue Content, ob Webseite, YouTube-Video, Blogartikel oder Podcast zum gleichen Thema, erschweren es dem Nutzer, Entscheidungen zu treffen. Vor dem Hintergrund des bestehenden und wachsenden Angebots lässt auch die Sichtbarkeit der eigenen Inhalte stetig nach. Um nachhaltige Aufmerksamkeit bei der Zielgruppe zu generieren, muss man sich kontinuierlich die Frage stellen, inwieweit die Publikation des jeweiligen neuen Inhalts wirklich zielführend ist und welchen Mehrwert dieser bietet (Weller 2019, S. 3).

3.2   Personal Branding

Eine Marke definieren Burmann et al. allgemein als „Bündel aus funktionalen und nicht-funktionalen Nutzen, deren Ausgestaltung sich aus Sicht der Zielgruppen der Marke nachhaltig gegenüber konkurrierenden Angeboten differenziert" (Burmann et al. 2018, S. 14). Dabei wird das Selbstbild, das eine Marke von sich hat, als „Markenidentität" bezeichnet. Das „Markenimage" stellt das Fremdbild dar. Dieses Verständnis gilt nicht nur für Unternehmen- oder Produktmarken, sondern auch für Persönlichkeitsmarken (Personenmarke, Personal Brand oder Human Brand,Self Brand) (Dumont und Ots 2020, S. 119). Hierunter ist das „zugespitzte

Bild einer Person in den Köpfen ihrer Mitmenschen zu verstehen. Eine starke Persönlichkeitsmarke übernimmt eine Identifikations- und Differenzierungsfunktion und führt zur Präferenzbildung." (Spall und Schmidt 2019, S. 21).

▶ **Definition: Personal Branding** „**Personal Branding** bezeichnet den Prozess, den ein Individuum durchläuft, um sich selbst zu profilieren und an andere zu vermarkten." (Jacobson 2020, S. 716)

Die Relevanz des in dieser Definition skizzierten Personal Brandings für den Vertrieb im Allgemeinen und das Social Selling im Speziellen ist offensichtlich: Besonders im B2B-Vertrieb mit persönlichem Kontakt vermarktet der Vertriebler nicht nur seine Produkte und Dienstleistungen, sondern auch sich selbst zu einem gewissen Grad an die Kunden. Deshalb ist der Aufbau einer Personenmarke im Vertrieb längst zu einem erfolgsentscheidenden Faktor geworden. Kunden treffen ihre Entscheidung häufig aufgrund des Vertrauens in die Persönlichkeit des Verkäufers. Solches Vertrauen entsteht nur dann, wenn Unternehmer und Vertriebsfachleute genau wissen, wofür sie stehen, und dies eindrucksvoll vermitteln können (Spall und Schmidt 2019, S. 168). Um Vertrauen zu schaffen sind Authentizität und Glaubwürdigkeit Voraussetzungen (Burmann et al. 2012, S. 136 ff.). Für das Social Selling sind diese sowie Kompetenzsignalisierung wichtig. Genau dabei kann Personal Branding unterstützen. Personal Branding ist ein bewusster Prozess, um die eigene Wahrnehmung bei relevanten Stakeholdern (nicht nur Kunden, sondern auch z. B. bei Mitarbeitern, Kollegen, Netzwerken, Öffentlichkeit) zu steuern (Spall und Schmidt 2019, S. 22). Diesozialen Medien sind nur ein Instrument für das Personal Branding. Die persönliche Markenbildung beruht auf einer Kombination aus der Online- und Offline-Präsentation des Selbst (Jacobson 2020, S. 716). Personal Branding ist langfristig angelegt. Nur so kann eine „Social Authority" entstehen.

▶ **Definition: Social Authority** „**Social Authority** beschreibt den zielgerichteten Aufbau der Reputation in sozialen Netzwerken durch regelmäßige und werthaltige Postings und Interaktionen." (Spandl 2020, S. 20)

Allgemeingültige Regeln oder Rezepte für die Schaffung einer erfolgreichen, starken Persönlichkeitsmarke für den Vertriebskontext existieren allerdings nicht. Ausgangspunkt aller Kommunikation und Aktivitäten in den sozialen Medien ist ein klares Bild der eigenen Personenmarke. Spall und Schmidt (2019), auf deren ausführliches Werk „Personal Branding" hiermit verwiesen wird, empfehlen folgende Vorgehensweise:

1. Eigene Identität entwickeln
2. Profil schärfen
3. Persönlichkeitsmarke spürbar machen

Das Personal Branding findet dabei nicht nur digital statt. Die sozialen Medien sind lediglich Instrumente, die neben anderen (z. B. persönliche Homepage, Auftreten im „realen Leben") zur eigenen Profilierung eingesetzt werden. Die Nutzung sozialer Medien zur Selbstdarstellung, ohne zuvor ein Bewusstsein für die eigene Identität entwickelt zu haben, läuft Gefahr, Beliebigkeit auszustrahlen und als „digitaler Dampfplauderer" wahrgenommen zu werden (Spall und Schmidt 2019, S. 134).

3.3 Employee Advocacy (Corporate Influencer)

Mitarbeiter erfüllen wertvolle übergreifende Funktionen für Organisationen, indem sie relevante Informationen über die Organisation mit externen Zielgruppen teilen. Mitarbeiter werden hierbei oft als vertrauenswürdige und glaubwürdige Informationsquellen über Organisationen wahrgenommen. Freiwillig von Mitarbeitern weitergegebene Informationen helfen Unternehmen, ihren Ruf zu verbessern (Kim und Rhee 2011). Da Mitarbeiter mit externen Zielgruppen sowohl über positive als auch negative Aspekte des Unternehmens in sozialen Medien und in persönlichen Gesprächen kommunizieren, ist es für Unternehmen wichtig, Beziehungen zu schaffen, die Mitarbeiter dazu ermutigen, sich positiv zu fühlen und positiv über ihr Unternehmen zu sprechen (Walden und Kingsley Westerman 2018, S. 594).

▶ **Definition: Employee Advocay** „**Employee Advocacy** ist die freiwillige [positive] Außendarstellung oder Verteidigung eines Unternehmens, seiner Produkte oder seiner Marken durch einen Mitarbeiter (Men 2014, S. 262).

Die positive Fürsprache für den Arbeitgeber ist keine Neuigkeit. Schon seit jeher kommunizieren die Mitarbeiter in persönlichen Gesprächen im sozialen Umfeld über Beruf und Arbeitgeber. Die sozialen Medien bieten einen weiteren Kanal, der als Verstärker der persönlichen Kommunikation angesehen werden kann. Gerade deshalb ist Employee Advocacy im Rahmen des Social Sellings so relevant. Eine für externe Personen überzeugende Wirkung entsteht selbstredend nur, wenn über den Arbeitgeber positive Botschaften verbreitet werden (und nicht etwa schlechte Bewertungen auf Kununu). Voraussetzung für „positives Megaphoning" ist eine hohe Ausprägung der Mitarbeiterzufriedenheit sowie der Beziehungsqualität, des Commitments und des Vertrauens der Mitarbeiter zum Unternehmen (Kim und Rhee 2011, S. 259 f.). Zudem sind ein funktionierender Informationsfluss (offener Austausch von Ideen und Informationen innerhalb der Organisation), die Angemessenheit des Zugangs zu Informationen, die Mitarbeiter für ihre Arbeit benötigen, sowie die Unterstützung durch die Führungskraft Einflussfaktoren zur Steigerung der Employee Advocacy (Walden und Kingsley Westerman 2018, S. 597 ff.). Sind diese Voraussetzungen geben, lohnt es sich über eine systematische Implementierung von unterstützenden Maßnahmen zur Anregung und Erleichterung der Aktivität der Mitarbeiter als „Corporate Influencer" nachzudenken.

Technische Unterstützung bieten diverse Systeme (siehe Box/Beispiel „Social-Selling-Amplifier"). Dabei sollen diese Systeme vor allem Unterstützung bieten und nicht die Authentizität einschränken. Sie dienen als Content Hub zum Entdecken und Teilen von freigegebenen Inhalten. Sie motivieren durch Gamification-Elemente (Leaderboard, interne Wettbewerbe etc.), integrieren bestehende Systeme und Netzwerke und ermöglichen Erfolgskontrollen (Sturmer 2020, S. 21 ff.).

Beispiel: Technische Unterstützung mit Hilfe von Social-Selling-Amplifiern

Die Grundidee von diesen Systemen ist die Erleichterung und Verstärkung der Reichweite der digitalen Marketingmaßnahmen im Allgemeinen und der Social-Selling-Maßnahmen im Speziellen. Dies geschieht durch die Nutzung des Einflusses von Mitarbeitern als Markenfürsprecher und deren Reichweite, Kontakte und Glaubwürdigkeit. Social-Amplifier-Systeme dienen also dem Management der Employee Advocacy. Amplifier unterstützen die Kreation von Content und die Planung von Postings. Sie benachrichtigten die relevanten Mitarbeiter über neuen Content und ermöglichen diesen, die Beiträge auf den individuellen (Social Media) Kanälen weiterzuverbreiten. Somit wird zum einen die Reichweite des Contents des Unternehmens erhöht, indem die Inhalte auch über die individuellen Netzwerke der Mitarbeiter verbreitet werden. Zum anderen bietet der vorbereitete Content den Mitarbeitern auch die Chance, sich durch interessante Beiträge selbst (als Experte) zu positionieren. Zudem lässt sich interessanter externer Content an die Mitarbeiter zurückspielen. Die meisten Programmpakete ermöglichen auch ein Controlling und die Analyse diverser Kennzahlen. Beispiel für einen Social-Selling-Amplifier sind beispielsweise Hootsuite Amplify, Dynamic Signal, EveryoneSocial, Ambassify, Bambu by sprout social u. v. a.m.◄

3.4   Influencer Marketing – Unterschiede im B2B- und B2C-Kontext

Im Kontext des Social-Media-Marketings ist das Thema „Influencer Marketing" zu einem der am stärksten und am kontroversesten diskutierten Themen avanciert. Das Interesse an dem professionellen Einbinden von Influencern in die Kommunikation und das Marketing von Unternehmen ist stark gestiegen (Lommatzsch 2018, S. 24). Der Begriff „Influencer" leitet sich aus dem englischen „influence" (Einfluss) ab und ist von der Wortbedeutung sehr unspezifisch.

▶ **Definition: Influencer** Im Kontext des Marketings sind **Influencer** Personen, die mit ihren Meinungsäußerungen in sozialen Netzwerken, Blogs, auf Videoplattformen und in Communitys einen maßgeblichen Einfluss auf das Meinungsbild vieler Menschen ausüben. Durch Kombination von kommunikativer Aktivität in digitalen Netzwerken, Persönlichkeitsstärke, große Reichweite und spezifische Themenkompetenz wird Influencern besondere Glaubwürdigkeit zugesprochen. Alternativ spricht man von „digitalen Meinungsführern" (Kreutzer und Land 2017, S. 211; Schach 2018, S. 31; Spall und Schmidt 2019, S. 136).

Influencer Marketing verknüpft die Elemente „Social Media Marketing", „Content Marketing" und „Empfehlungsmarketing" (Nirschl und Steinberg 2018, S. 7).

▶ **Definition: Influencer Marketing** „Das Betreiben von **Influencer Marketing** ist eine strategische Vorgehensweise, die darauf abzielt, vom Einfluss und der Reichweite wichtiger Meinungsmacher und Multiplikatoren zu profitieren, indem diese eine Werbebotschaft für ein Unternehmen in sozialen Netzwerken und dem Social Web verbreiten." (Nirschl und Steinberg 2018, S. 11).

Influencer werden beim Influencer Marketing für Ihre Kommunikation vom Unternehmen bezahlt. Die Kommunikation richtet sich primär auf den Absatzmarkt aus. Als Ziele stehen direkte Absatzsteigerung, Reichweite, Aufmerksamkeit für Produktbotschaften und Markenbildung im Mittelpunkt. Teilweise scheinen Glaubwürdigkeit und Transparenz der Kommunikation relativ egal zu sein, solange diese Ziele erreicht werden. Die Evaluation des Influencer Marketings erfolgt mittels Absatz- und Reichweitenzahlen, Interaktionen, Conversions (Lommatzsch 2018, S. 25). Typisch ist hierbei der Einsatz von Rabattcodes oder Affiliate Links. Die Herausforderung für Unternehmen liegt darin, zur Marke und Zielgruppe passende, mit möglichst hoher Reichweite und hohem Vertrauen bei den Konsumenten ausgestatte Influencer zu wählen (Kleinjohann und Reinecke 2020, S. 27).

Tab. 3.1 Abgrenzung Social Selling – Influencer Marketing

Kriterium	Social Selling	Influencer Marketing
Zeitliche Perspektive	Grundsätzlich langfristig	Sehr kurzfristige Ziele möglich
Kommunikation	Zielt am Ende auf individuelle Kommunikation (one-to-one)	Massenkommunikation mit Followern
Einsatzschwerpunkt	B2B	B2C
Grundidee	Aufbau eines eigenen (Beziehungs-) Netzwerks	Nutzen des bestehenden Netzwerks Dritter
Herausforderung	Schaffung werthaltigen Contents und regelmäßige Aktivität	Finden passender Influencer und Erhaltung der Glaubwürdigkeit
Kostenentstehung	Zeitaufwand für Pflege des Netzwerks	Direkte Bezahlung
Erfolgskontrolle	Nur bedingte Zurechenbarkeit	Direkte Zurechenbarkeit (Rabattcodes, Affiliate Links, Tracking, Sondereditionen etc.)

Zumeist wird das Influencer Marketing im B2C-Kontext verstanden. In vielen Bereichen ähnelt es dem Social Selling und man könnte Social Selling auch als B2B-Influencer Marketing sehen. Jedoch unterscheiden sich beide in vielen Aspekten (vgl. Tab. 3.1).

3.5   Social Listening – Social Media Monitoring

Social Media Monitoring ist der eher passive Aspekt im Kontext des Social Sellings und dient vor allem der Informationssammlung. Es zielt auf die Beschaffung von Wissen über Kundeninteressen und -bedürfnissen, zur Wahrnehmung des eigenen Images und des Images der Wettbewerber sowie aktuelle Entwicklungen und Trends.

Social Media Monitoring versucht, auf Basis der realen Kommunikation in sozialen Netzwerken Erkenntnisse über die Wahrnehmung der Leistungen, Produkte, Marken, Hashtags, Personen etc. des eigenen Unternehmens sowie der Wettbewerber zu erhalten. Bei diesen „Informationen über Informationen" gilt es, besondere Häufungen von Lob und Reklamationen, geäußerte Erwartungshaltungen, konkrete Produktanregungen oder auch Trends aus der Vielzahl der Meinungsäußerungen in den sozialen Medien herauszudestillieren. Dabei geht es im Kern darum, den Online-Nutzern möglichst genau zuzuhören (Kreutzer 2019,

S. 5 f.; Kreutzer et al. 2020, S. 59; Newberry 2019). Auch wird ermittelt, wie intensiv über Themen und Trends gesprochen wird sowie in welchen Umfeldern und in welchen Kontexten dies erfolgt (Kreutzer 2018a, S. 86). Das Monitoring erfolgt permanent mittels automatisierten Suchen (über Webcrawler, Searchbots) im (Social) Web nach definierten Kriterien (z. B. Keywords, Themen, Kontexten, Sprachen, Regionen) (Liu 2016, S. 186).

In der wissenschaftsorientierten Fachliteratur wird „**Social Listening**" als Synonym zum Social Media Monitoring gesehen und alternativ auch „Buzz-Tracking" genannt (Kreutzer 2018a, S. 85–86; Kreutzer et al. 2020, S. 59). Laut Praktikern ist Social Listening aktiver, da es aus den Erkenntnissen des Monitorings zukunftsgerichtete Aktivitäten und direkte Maßnahmen zu entwickeln versucht (Beckam 2020; Newberry 2017). Diese Ansätze beziehen sich allerdings eher auf Massenkommunikation in B2C-Anwendungsfällen. Bei Social Selling im B2B-Kontext verschafft sich der Vertriebler durchs Zuhören in den sozialen Medien sehr gute Ansatzpunkte zur individuellen Kontaktaufnahme, ohne in aggressiver Manier mit der Tür ins Haus zu fallen.

Zahlreiche Angebote von Monitoring Tools ermöglichen die (teil-) automatisierte Überwachung bzw. das Monitoring der Aktivitäten in den sozialen Netzwerken (z. B. Talkwalker, Storyclash, reputation.com, sprout social, critical mention, hootsuite u. v. m).

Social Selling in Practice 4

4.1 Plattformen und Tools für das Social Selling

► **Merksatz** Die beste Plattform für Social Selling ist die, auf der Ihre Zielgruppe am einfachsten erreicht werden kann und mit der Sie die Beziehungen zu Ihren Kontakten am besten gestalten können.

So banal diese Erkenntnis auch ist, so wichtig ist sie. Wenn deutsche Mittelständler die eigene Zielgruppe sind, ist es in der Regel nicht zielführend, ausschließlich ein englischsprachiges LinkedIn Profil zu erstellen und dort aktiv zu werden. Passender wären für diesen Fall Social-Selling-Maßnahmen auf XING. Sollte ein großer Anteil der eigenen potenziellen Kundenunternehmen außerhalb des DACH-Gebiets ansässig sein, kommt der Social Seller wohl nicht um die Nutzung internationaler Netzwerke wie LinkedIn herum.

> „Keeping track of all the new sales tools coming to market is a full-time job." (Forrester Consulting 2018, Sec1:5)

Dieses Zitat zeigt, dass es nicht möglich ist, alle aktuellen Sales Tools und deren Entwicklungen in einem statischen Format wie einem Buch auch nur annähernd darzustellen. Deshalb soll im Folgenden lediglich an besonders wichtige Anwendungsgebiete erinnert werden. Die aktuellen Entwicklungen zu diesen lassen sich über Google in der Regel schnell finden.

Die Vielfalt unterschiedlicher Social-Media-Plattformen wurde bereits zu Beginn dieses Buchs im Social Media Prisma (Sten Franke und ethority 2021) in Abb. 1.1 aufgezeigt. Insbesondere die „Professional Networks" sind für Social Selling im B2B-Kontext interessant. Jedoch können je nach Branche auch andere

© Der/die Autor(en) 2021
B. Römmelt, *Social Selling im B2B*, essentials,
https://doi.org/10.1007/978-3-658-33772-8_4

Plattformen genutzt werden, um sich im Kontext von Social Selling mit Hilfe von Inhalten als Experte positionieren zu können (z. B. Twitter, Instagram, diverse Blogging-, Video-, Bilder- oder Content-Plattformen).

Die Praxisliteratur verweist vor allem auf zwei Plattformen für das Social Selling im B2B-Kontext (vgl. z. B. Heinrich 2020; Hughes und Reynolds 2016; Kreutzer et al. 2020, S. 248; Schmäh et al. 2016; Zupancic 2019): LinkedIn, das international größte Business Netzwerk, und – insbesondere in der DACH-Region – XING. Weniger in der DACH Region, jedoch vor allem im internationalen Kontext wird Twitter als Plattform zur eigenen Positionierung als relevante Plattform gesehen. Wenn die Zielgruppe der Social-Selling-Aktivitäten dort erreicht werden kann, sind selbstverständlich auch alle anderen Social-Media-Plattformen mögliche Ansatzpunkte für Social Selling (z. B. Facebook, Reddit, Pinterest, Tumblr, Instagram, YouTube, Vimeo, SlideShare u. v. a. m.).

Social Selling findet in der Regel nicht lediglich auf einer Plattform statt. Typisch ist die Verwendung unterschiedlicher Social-Media-Dienste, um eine (Kunden-)Beziehung zu gestalten. Für den optimalen Mix der Dienste gibt es kein Patentrezept. Dieser Mix hängt von Branchen, Kunden, Aktivitäten der Wettbewerber und den eigenen zu vermarktenden Produkten und Dienstleistungen ab.

Weitere Social Selling Tools wie Social-Selling-Amplifier (vgl. Beispiel in Kap. 3.3 „Employee Advocacy (Corporate Influencer)") und für das Social Media Monitoring bzw. Listening (vgl. Kap. 3.5) wurden oben bereits angesprochen.

4.2   XING

Im Jahr 2003 wurde die Plattform XING, die bis 2006 unter dem Namen „openBC" (open Business Club) firmierte, gegründet. Hinter XING steht die New Work SE, die neben XING auch andere Social-Media-Marken und Online-Angebote wie kununu (Arbeitgeberbewertungsportal), Honeypot (Tech-Jobplattform mit Reverse Recruiting Ansatz), HalloFreelancer (Plattform zur Vermittlung von Freiberuflern), Prescreen (Bewerbermanagement) oder InterNations (Expat Community) innehat (New Work SE 2020).

XING ist originär ein soziales Netzwerk, um berufliche Kontakte zu verwalten, mit diesen zu kommunizieren und sich selbst als Arbeitnehmer oder Experte zu positionieren. Weitere sich daraus ergebende Funktionen sind die Möglichkeit, sich in themenspezifischen Gruppen auszutauschen sowie Meinungen und Content zu publizieren. Aus Unternehmenssicht dient XING neben dem

Employer Branding zur Rekrutierung von Mitarbeitern durch gezielte Suchfunktionen, dem Verwalten von Veranstaltungen (u. a. Ticketing, Zahlungsprozesse) oder als Werbeplattform. Der Umfang der Funktionen richtet sich nach dem Typus der Mitgliedschaft: Mitglieder können die kostenfreie Basismitgliedschaft durch die Pakete „Premium" (erweitere allgemeine Funktionen), „ProJobs" (verbesserte Eigendarstellung für Recruiter) sowie „ProBusiness" (Vertriebsfunktionen) kostenpflichtig erweitern.

Speziell für Vertriebler sieht sich XING als wichtige Plattform zur Akquise, Kundenpflege und Beobachtung der Konkurrenz. Das Whitepaper „Erfolgreicher Vertrieb auf XING" empfiehlt vier „Bausteine" (XING 2020a): Aktualisierung der Basics, Professionelles Auftreten, Erkennbarkeit und Auffindbarkeit sowie die Angebote ins Rampenlicht stellen (vgl. Abb. 4.1) Auf konkrete Handlungsempfehlungen oder Erfolgsgeschichten verzichtet das XING Whitepaper allerdings. Stattdessen wird die kostenpflichtige Zusatzfunktion „Pro Business" empfohlen. Diese bietet verbesserte Suchfunktionen (Filter), Informationen über Profile (ohne sichtbare Profilbesuche) sowie das Monitoring von Aktivitäten von Profilen (Kunden, Geschäftspartnern, Konkurrenten) im sogenannten „Lead-Radar". Somit lassen sich zusätzliche Informationen und passende Anlässe (Timing) zur Ansprache von Kontakten finden.

Abb. 4.1 Bausteine für ein perfektes Vertriebsprofil auf XING (XING 2020a)

Die Fallstudie in Abschn. 4.6.2 zeigt konkrete Möglichkeiten zum Einsatz von XING im Vertrieb.

4.3 LinkedIn

LinkedIn wurde 2002 in Kalifornien gegründet und ist mittlerweile mit über 645 Mio. Mitgliedern in mehr als 200 Ländern und Regionen das weltweit größte berufliche Netzwerk. Das Unternehmensziel von LinkedIn ist es, Fach- und Führungskräfte rund um den Globus zusammenzubringen, um sie produktiver und erfolgreicher zu machen (LinkedIn 2021e). Deshalb ist LinkedIn im Kern als Karriere-, Kontakt- und Austauschplattform zu verstehen. Wie auch in XING kann man sich über eigene Beiträge, Gruppen, Teilnahme an Diskussionen etc. positionieren, mit anderen in den Austausch kommen und Beziehungen pflegen. Neben den kostenfreien grundlegenden Funktionen lassen sich mit einem kostenpflichtigen Premium Account erweiterte Funktionen nutzen (z. B. Anschreiben von Nichtkontakten, Ansichten aller Profilbesuche, priorisierte Anzeige bei Recruitern). Aufbauend auf den Einzelprofilen bietet LinkedIn spezielle Funktionen für Unternehmen (Business Solutions): Hire (Recruiting), Market (Marketing: Sponsored Content, Ads, Tracking), Sell (Vertrieb: Sales Navigator) und Train (Weiterbildung: E-Learning).

Insbesondere die kostenpflichtigen Pakete des „LinkedIn Sales Navigators" sollen den Vertrieblern das Social Selling erleichtern (Abb. 4.2). Der Sales Navigator bietet je nach Umfang des gebuchten Pakets u. a. folgende Funktionalitäten (LinkedIn 2021b):

- Verbesserte Suchfunktionen zum Finden passender Leads und Unternehmen (z. B. Filter für Regionen und Karrierestufen)
- Erweiterte Möglichkeiten zur Kontaktaufnahme (Nachrichten an Nicht-Kontakte in beschränkter Anzahl)
- Personalisierte Lead-Empfehlungen (inklusive gemeinsamer Kontakte oder Kontaktpfade)
- Echtzeit-Updates zu Kontakten und potenziellen Leads (Alerts)
- Reportings
- CRM-Integration

LinkedIn bietet zur Leistungsmessung und zum Benchmarking eine proprietäre Kennzahl, den „Social Selling Index" (SSI). Dieser bewertet in vier Kategorien die eigenen Aktivitäten auf LinkedIn (siehe Abb. 4.3). In jeder Kategorie

Abb. 4.2   Abb. 7 Nutzenversprechen des LinkedIn Sales Navigators (LinkedIN 2021a)

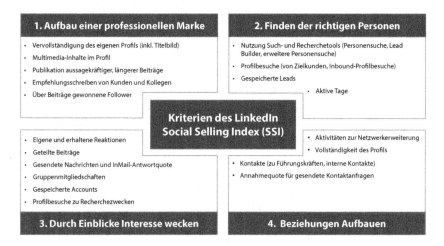

Abb. 4.3   Kriterien des LinkedIn Social Selling Index (LinkedIn 2021c, d)

können 25 Punkte erreicht werden. Diese werden zum Gesamtscore addiert, der demnach maximal 100 erreichen kann. Dabei erfolgt ein Vergleich mit anderen Mitgliedern derselben Branche (Industry SSI Rank) sowie im eigenen Netzwerk

(Network SSI Rank). Hierfür wird das Perzentil, in dem das eigene Profil einge-ordnet wird, wiedergegeben. Der genaue Bewertungsalgorithmus wird zwar nicht angezeigt, jedoch deuten einige der Kriterien darauf hin, dass man mit viel Zeit und Fleiß (Aktivitäten wie Suchen, Liken, Kontakte hinzufügen) seinen SSI-Score schnell verbessern kann. Es wird beim SSI also vornehmlich das von LinkedIn erwünschte Verhalten bewertet. Ob dieses direkte Auswirkungen auf das eigene Vertriebsergebnis hat, ist selbstredend individuell sehr unterschiedlich.

4.4   Social CRM und CRM-Integration von Social Selling

Die Bedeutung der Sozialen Netzwerke und des Social Sellings im Rahmen des Customer Relationship Managements ist offensichtlich und nimmt zu. Deshalb spricht man häufig von „Social CRM".

▶ **Definition: Social CRM** „Social CRM" lässt sich als Erweiterung des traditio-nellen CRM bezeichnen, zu dem soziale Funktionen, Methoden und Ressourcen hinzufügt werden, die die Interaktionen zwischen Kunden und Organisationen erleichtern (vgl. hierzu z. B. Agnihotri et al. 2012; Greenberg 2010; Moore et al. 2015; Trainor 2012; Trainor et al. 2014).

Interessant für den B2B-Vertriebler wird es dann, wenn die Social-Selling-Maßnahmen direkt ins bestehende CRM-System einfließen und über dieses gesteuert werden können. Während bei LinkedIn Möglichkeiten der Integration des Sales Navigator ins CRM bestehen (LinkedIn 2020a), ist XING restriktiver und hat sogar die API (Schnittstelle) für CRM-Systeme 2019 geschlossen (Sester 2019). Letzteres erschwert Social Sellern die Arbeit.

> **Exkurs: IP-basierte Homepage-Besucheranalysen als Einstieg in den Sales Funnel**
>
> Voraussetzung für den Beziehungsaufbau im Rahmen des Social Sellings ist es, dass potenzielle Kunden identifiziert werden können. Neben der klassischen Suche in den sozialen Netzwerken, können auch IP-basierte Besucheranalysen der eigenen Homepage helfen, neue Leads für den Sales Funnel zu generieren und bestenfalls ins CRM zu integrieren.
>
>   Diese Tools identifizieren auf Basis der IP-Adresse die Unternehmen, die eigene Website besuchen. Zwar lassen sich so keine Individuen identifizie-ren, jedoch lässt sich erkennen, welche Organisationen sich wann, wie lange und für welche Inhalte interessieren. Daraus kann der Vertriebler einen ersten Bedarf ableiten. Für den Vertrieb uninteressante Organisationen (Lieferanten,

Partner, Recruiter, Hochschulen etc.) lassen sich herausfiltern und ignorieren. Für Unternehmen, die potenzielle Kunden werden könnten, liefern diese Tools Ansprechpartner aus Datenbanken, LinkedIn oder XING. Hier können dann Social-Selling-Aktivitäten ansetzen.

Anbieter solcher Besucheranalyse-Dienstleister sind beispielsweise Lead-inspector, WebProspector, LeadBoxer, LeadingReports, Wired Minds, Sales-Viewer, LeadFeeder, Snitcher (vgl. zu einer Übersicht dieser Anbieter Heinrich 2020, S. 68 ff.).◄

4.5   Schwächen bei Erfolgsmessung und Controlling

► **Merksatz**   „If you can't measure it, you can't manage it!"

Soll Social Selling als Vertriebsinstrument genutzt werden, bedarf es der Lösung

des Problems der Erfolgsmessung und des Controllings. Sowohl in der Unternehmenspraxis als auch in der Wissenschaft lässt sich diesem Thema ein niedriger Entwicklungsstand bescheinigen (Barney-McNamara et al. 2020; Schmäh et al. 2016, S. 24). Trotz aller Fortschritte bei Tools und Technologien gehört die Messung des Social-Selling-ROI nach wie vor zu den größten Herausforderungen für Social Media Marketer (Hootsuite 2020). Eine im besten Fall automatisierte Erfolgsmessung mit validen Kennzahlen ist derzeit noch nicht einfach möglich.

Der Erfolg eines Vertrieblers lässt sich in finanzieller (z. B. Absatz, Umsatz, Deckungsbeitrag) und beziehungsspezifischer Perspektive (z. B. Generierung von Leads, Qualität der Kundenbeziehung, Anzahl der Kundenkontakte u. v. a. m.) messen (Barney-McNamara et al. 2020, S. 23). Vor dem Hintergrund der Komplexität der Customer Journey sind Social-Selling-Aktivitäten nur eine Art von Touchpoints. Zur Bestimmung wie und in welchem Umfang Social Selling in Kombination mit anderen Vertriebsmaßnahmen auf das finanzielle und beziehungsspezifische Ergebnis wirkt, ist noch Forschung nötig.

Natürlich lassen sich zahlreiche KPIs und Maßnahmen in quantitativer oder qualitativer Hinsicht betrachten. Solche sind beispielsweise folgende.

- Anzahl Kontakte
- Anzahl gesendete Anfragen
- Anteil akzeptierter Anfragen (mit Benchmarks innerhalb oder außerhalb des Unternehmens)

- Monitoring, Radarnutzung
- Interaktionsintensität (Häufigkeit eigener Beiträge, Kommentare, Likes, Shares etc.)
- Reichweite und Impact eigener Beiträge (z. B. Umfang, Art und Tonalität der Reaktionen auf eigene Beiträge) etc.

Obwohl solche Indikatoren naheliegen und beispielsweise in den LinkedIn SSI einfließen, sind diese KPIs nicht per se zielführend und hilfreich: Gerade im B2B-Kontext geht Klasse vor Masse, und zwei hochwertige Kontakte sind oft viel hilfreicher und mehr wert als 1000+ Kontakte, die per Anfragen à la „Lassen Sie uns vernetzen! Ein Netzwerk schadet nur dem, der keines hat!" generiert werden. Auch Interaktionszirkel können obige Indikatoren positiv beeinflussen, ohne wirklichen Mehrwert zu liefern. Wenn beispielsweise immer die gleichen Kontakte (Vertriebskollegen) sich gegenseitig die Beiträge liken und miteinander interagieren, schaut das auf den ersten Blick zwar gut aus, bringt jedoch kein tatsächliches Geschäft. Viele hoffen dadurch den Algorithmus des Netzwerks zu überlisten und netzwerkspezifische Relevanz zu gewinnen. Auf der anderen Seite werden in den oben genannten KPIs die „stillen Mitleser" nicht berücksichtigt.

4.6   Case Studies

Die folgenden Case Studies stellen exemplarisch die Perspektiven, Erfahrungen und Einschätzungen zum Social Selling aus der Praxis dar. Neben einer Längsschnittfallstudie eines Kleinunternehmens basieren die Ausführungen auf Interviews mit einem XING ProBusiness Specialist, einem Vertriebler und ein Vertriebsberater.

4.6.1   Social Selling durch Multiplattformenansatz bei Kleinunternehmen – Fallstudie

Bocconcelli et al. (2017) zeigen in ihrer Längsschnitt-Fallstudie eines kleinen italienischen Familienunternehmens mit zehn Mitarbeitern im Maschinenbau für die Holzindustrie das Zusammenspiel unterschiedlicher sozialer Netzwerke: Die Präsenz in Facebook führte zu zahlreichen Interaktionen mit Interessenten und wurde zum Teilen von Informationen (Bilder, Texte) genutzt. Noch erfolgreicher erwies sich der Auftritt auf YouTube. Die umfangreiche, branchenuntypisch sehr offene Darstellung der speziellen Funktionen der Produkte konnte hohes Interesse erzeugen und entsprechende Leads generieren. Etwa 60 % des Umsatzes wurde durch über YouTube hergestellte Kontakte erzielt. Zudem konnten aktiv weitere Interessenten über LinkedIn Gruppen und Suchfunktionen gefunden werden. Neben dem Austausch von Nachrichten auf den obigen Plattformen wurden Skype-Konferenzen genutzt, um die Beziehung zum Interessenten persönlicher zu gestalten sowie zur Verhandlungsführung. Anfänglich nutze das Unternehmen Videokonferenzen auch für Produktpräsentationen. Allerdings zeigte sich schnell, dass diese Art der Kommunikation nicht für eine Produktvorführung geeignet ist. Stattdessen etablierte man einen YouTube-Kanal mit umfangreichem Videoangebot als Showroom. Für neue, durch Interessenten angefragte Anwendungsfelder wurden sehr schnell entsprechende Videos erstellt. Innerhalb von drei Jahren nach Umstellung auf einen schwerpunktmäßigen Social-Media-Vertrieb generierte das Unternehmen 97 % des Umsatzes im Ausland (davon 37 % außerhalb Europas). Persönliche Produktpräsentationen waren kaum noch nötig.

Bei aller Euphorie zeigt diese Fallstudie auch, dass natürlich die Qualität des Contents (hier: Produkte und Funktionalitäten sowie die gute Darstellung dieser in hochwertigen Videos) in den sozialen Medien Voraussetzung für ein erfolgreiches Social Selling darstellt. Zudem sind Social-Selling-Aktivitäten nur ein Hilfsmittel, die die „klassische" Beziehungsarbeit unterstützen. Folgende Aussage des Eigentümers zeigt dies nachdrücklich: „The Sales Manager makes many phone calls, he cares about the human side of relationships. We believe that internet does not change the nature of relationships, instead it speeds them up. Customers are interested in having someone on the other side of the telephone, someone that answers and cares about the relationship." (Bocconcelli et al. 2017).

4.6.2 Vertriebserfolg mit Social Selling – die Möglichkeiten von XING

Auf der „HRnetworx Online Fachkonferenz – Vertrieb und Verkauf" am 26.05.2020 präsentierte Jonas Niedergesäß, XING ProBusiness Specialist bei XING GmbH & Co. KG, wie mit Social Selling Vertriebserfolge zu erreichen sind. Er sieht dabei drei aufeinander aufbauende Spielarten, wie Social Selling betrieben werden kann.

Digital Me Hierunter wird das eigene Profil als digitale Visitenkarte verstanden. Dabei sind die Inhalte für die Basisinfos, Foto, Kontaktdaten, Fähigkeiten und Kenntnisse, der Werdegang sowie das Portfolio entsprechend aufbereitet für die jeweilige Zielgruppe einzupflegen. Gerade das Portfolio bietet umfangreiche Möglichkeiten, die eigenen Leistungen, Kenntnisse, Produkte, Services etc. darzustellen. Zudem ist für die vertriebliche Nutzung ein Impressum nötig. Die sozialen Netzwerke werden zum „einfachen" Netzwerken genutzt.

Profi-Tools Diese dienen zur Recherche, zur Erlangung von Insights und Updates. Zudem ermöglichen diese eine 1:1-Leadgenerierung. Über erweiterte Suchfunktionen lassen sich relevante Ansprechpartner oder ganze Buying Center identifizieren und deren Zusammenhänge analysieren. Eine erfolgsversprechende Möglichkeit ist beispielsweise die Suche nach früheren Kollegen, die i. d. R. eine positive Einstellung zum ehemaligen Arbeitgeber haben. Im nächsten Schritt lassen sich über Profi-Tools Ansätze für eine relevante Ansprache finden. Dies kann ein Einstieg über einen gemeinsamen Kontakt, eine Gruppenmitgliedschaft oder eine (Termin-)Anfrage bei einer Teilnahme am gleichen Event sein. Zudem kann der Bezug auf Fähigkeiten, Benefits oder Aktivitäten des anderen einen Ansatz für eine passende Ansprache bieten. Aktivitäten im eigenen Netzwerk lassen sich mit den Profi-Tools einfach beobachten. Das Lead-Radar dient hierbei dem Monitoring von vertrieblichen Kontakten und erleichtert die Bestandskundenpflege. Eine automatisierte Benachrichtigung über Aktivitäten von Kontakten (z. B. per E-Mail) ermöglicht einfache Interaktionen. Beispielsweise können Likes oder Kommentare auf die Beiträge von Kontakten den Vertriebler regelmäßig ins Bewusstsein beim Kunden bringen und damit eine positive Wahrnehmung und eine Verbesserung des Standings generieren.

Königsdisziplin Hierunter sind aktive Publikationsaktivitäten und die eigene Positionierung als Experte zu verstehen. Auf Letzteres, sprich das Personal Branding, wurde bereits in Abschn. 3.2 eingegangen. Selbst geschaffener Content dient als Interaktionsstarter. Natürlich sind das Schreiben eigener Beiträge oder gar von Studien oder Whitepaper aufwendig. Weniger Aufwand bieten beispielsweise Veranstaltungen (on- und offline): Im Vorfeld kann die Teilnahme angekündigt oder Erwartungen können formuliert werden. Dies wird immer mit einem Call-to-Interaction verbunden (z. B. „Kommt Ihr auch?", „Was erwartet Ihr?"). Während und im Nachgang des Events sind Kommentare, Eindrücke, Berichte oder kurze Takeaways zur Veranstaltung Grundlagen für eigenen Content. Auch Ergebnisse interner Diskussionen oder Einschätzungen zu externen Entwicklungen am Markt können Inhalte liefern, die zur Interaktion anregen („Habt Ihr das auch so erlebt?", „Wie schätzt Ihr die Entwicklung von XY ein?", „Was ist Eure Meinung zu XY?"). Als Faustregel empfiehlt Niedergesäß, dass 85 % des Contents branchenbezogen und nur 15 % produktbezogen ist, um nicht zu stark vom eigenen Produkt zu schwärmen und damit zu uninteressant für die Community zu werden. Zur Königdisziplin gehört auch das Social Listening. Hierbei geht es um das Aufnehmen der Inhalte anderer und das Beobachten von Entwicklungen in der Branche. Dies wiederum stellt die Basis für gute Dialoge dar. Die Verfolgung von Social Engaged Leads (SEL), die auf Interaktionsangebote reagieren (z. B. Whitepaper Download, Newsletter Abo, Annehmen einer Einladung), dient der systematischen Vorqualifizierung von Leads.

4.6.3   Erfahrungen mit XING und LinkedIn im Vertrieb von Softwaresystemen – Praxisbericht

Franz Kungel (Sales Representative Technia GmbH) arbeitet seit 30 Jahren im Vertrieb von komplexen Softwaresystemen insbesondere für die Automotive Branche. Er unterstützt Kunden bei der Implementierung von Product-Lifecycle-Management Software. Früher wartete man im Vertrieb auf den Anruf des Kunden oder nahm an Messen teil. Ab 2003 diente XING zu Beginn noch wenig systematisch zum Sammeln von (digitalen) Visitenkarten und zum Halten von Kontakten. Heute helfen Social-Selling-Aktivitäten mit Hilfe von Businessplattformen wie XING und LinkedIn bei der Generierung von neuen Leads sowie der Suche nach relevanten Ansprechpartnern. Eine Integration der Social-Selling-Maßnahmen ins CRM-System von Technia ist dabei noch nicht erfolgt.

Social Selling ist besonders hilfreich, wenn man neue Branchen als strategisch wichtige Zukunftsmärkte identifiziert, in denen der Vertriebler nicht auf sein Bestandskundennetzwerk zurückgreifen kann. Um Interessenten am Thema inklusive deren Name und Kontaktdaten zu generieren, nutzen Kungel und seine Kollegen digitale (Haus-) Messen und Webinare, die über XING und LinkedIn beworben werden. Da der Vertrieb von Softwaresystemen einer sehr langen Anbahnungsphase von teils mehreren Jahren bedarf, dienen die Maßnahmen im Kontext des Social Sellings dem langfristigen Aufbau eines Kontaktnetzwerkes sowie guter Beziehungen zu aktuellen und potenziellen Kunden.

Erfolgsfaktoren beim Aufbau eines Kontaktnetzwerkes sind nach Kungel die Such- und Filterfunktionen, Gruppen, Kontaktlisten von bestehenden Kontakten und der (langsame) Aufbau von Reputation. Die Nutzung der **Filterfunktionen zur Suche** nach Ansprechpartnern zu bestimmten Themen innerhalb von interessanten Unternehmen und Positionsbeschreibungen (Produktionsleiter, Geschäftsführer etc.) ermöglichen eine Abschätzung der Entscheidungskompetenz im Unternehmen. In **themenspezifischen Gruppen** oder in den **Kontaktlisten von Kontakten** finden sich weitere relevante Ansprechpartner. Der Vorteil dieses

Vorgehens ist, dass immer eine Gemeinsamkeit (gleiches Interesse = Gruppenthema oder ein gemeinsamer Bekannter) vorliegt. Positive Eigenschaften oder Sympathie bezüglich des bestehenden Kontakts können bisweilen auf den neuen Kontakt projiziert werden. Beides erhöht in der Regel die Wahrscheinlichkeit, dass der neue Kontakt positiv auf den konkreten Bezug in der Anfrage reagiert und die Einladung im sozialen Netzwerk annimmt. Daraufhin empfiehlt sich die Nachbearbeitung per E-Mail mit Bezug zum Kontaktanlass im sozialen Netzwerk und natürlich weiteren relevanten Inhalten. Erfahrungsgemäß führt die Aktivierung der Sichtbarkeit der Kontaktliste dazu, dass der Angefragte gemeinsame und sonstige hochkarätige Kontakte sieht und damit den Kontaktsuchenden als relevanten Bestandteil in der Branche ansieht. Diese **Reputation** erleichtert mit der Zeit die Vernetzung in der Zielbranche.

Während für Kontakte im operativen Kontext im deutschsprachigen Raum XING sehr nützlich ist, finden sich Geschäftsführer sowie internationale Kontakte eher bei LinkedIn. Somit ist die Nutzung beider Netzwerke für Vertriebler zu empfehlen.

4.6.4   Vertriebsoptimierung: Integration von Social Selling in die digitale Leadgenerierung – Einschätzungen aus der Beratungspraxis

Peter Berger ist Gründer-Partner bei „TEAM Vertriebserfolg", einer auf Vertriebsoptimierung im technischen B2B-Vertrieb spezialisierten Unternehmensberatung. Mit Erfahrung aus mehr als 200 Vertriebsoptimierungsprojekten steht aktuell das Feld „digitale Leadgenerierung" weit oben auf der Liste der bearbeiteten Themenfelder. Als Sprecher des Arbeitskreises „Vertriebsberatung der Wirtschaftskammer Österreich" ist Herr Berger auch in dieser Funktion laufend in Kontakt mit dem Thema „Digitale Leadgenerierung".

Das Ziel vertrieblicher Aktivitäten ist es, Zugang zu potenziellen Kunden zu schaffen. Social Selling ist aus seiner Sicht die Instrumentalisierung der sozialen Netzwerke für Vertriebszwecke. Insbesondere sollen die potenziellen Kontakte aus dem Social Selling als qualifizierte Leads in den Sales Funnel gelangen, um diese Kontakte dann systematisch vertrieblich zu bearbeiten. Dazu erfolgt die Identifikation potenzieller Kontakte in der anonymen „Cloud" mittels sozialer Netzwerke auf Basis eines klar definierten Zielkunden- und Ansprechpartnerprofiles. Social-Selling-Aktivitäten unterstützen dabei, den Zielkunden aus der Anonymität dieser „Cloud" heraus zu aktivieren. Durch gezielte Aktionen (z. B.

Blogbeiträge, Postings, Gruppenbeiträge, XING-Events, Fokusgruppen, White-paper) sollen die potenziellen Kontakte ansprechbar gemacht, also zu einem „Lead" werden. Diese Leads haben Interesse am Thema bekundet. Zum weite-ren Austausch sind zusätzliche Aktivierungsmaßnahmen notwendig, die abhängig von den nationalen Bestimmungen des Datenschutzes entwickelt werden müs-sen. Sie können und dürfen kontaktiert werden, solange diese Zielpersonen in der Social-Media-Plattform angesprochen werden. „Können" bedeutet hierbei, dass die Möglichkeit besteht, in den 1:1-Kontakt (E-Mails, Chat, Direktnachrichten, Telefon) zu treten. „Dürfen" meint hierbei, dass dieser 1:1-Kontakt rechts- und insbesondere datenschutzkonform aufgenommen werden kann.

Die Umsetzung dieses Vorgehens in die Praxis ist nicht so leicht, wie es „So-cial Selling Gurus" häufig implizieren. Häufig sind kurzfristig Erfolge nicht zu erreichen. Dies zeigt das Beispiel der Kampagne „Restart nach Corona – Was der Vertrieb jetzt tun kann!", die Mitte 2020 startete. In diesem Zeitfenster, in dem der Lockdown viele „Vertriebler" in das Homeoffice zwang und noch vollkommen unklar war, wie es weitergeht, dürfte das Thema heiß gewesen sein und das Ange-bot genau gepasst haben. Dabei handelt es sich um eine Eventserie auf XING mit sechs kostenlosen Webinaren und danach folgenden 15 Videos. Ziel war es, einen Fachbeitrag zum Thema „Vertrieb nach Corona" zu bieten und im Anschluss die Überleitung von Leads in eine Telefonkampagne zu erreichen. Die Bewerbung der Eventserie erfolgte über XING (sowohl paid als auch generisch), über Google Adwords, mittels Mailing an Bestandskunden sowie persönlichen Einladungen im Kontaktnetzwerk und massiven Cross-Posting-Aktionen. Etwa 2.000 Personen haben die Eventlandingpage auf XING besucht. Etwa 150 Interessenten meldeten sich für die 15 kostenfreien Webinare an. Die Teilnahmequote an den Webina-ren lag bei maximal 50 %. Aus den Teilnehmern ergaben sich drei Leads, mit denen tiefere Gespräche über ein Beratungsprojekt geführt wurden. Direkt zure-chenbare Aufträge haben sich ein halbes Jahr nach dieser Kampagne trotz der hohen Interessentenzahl und einer intensiven Telefonkampagne zum Thema nicht ergeben.

Das Learning: Social Selling kann zur Überleitung neuer Kontakte in ein Event dienen. Dieses sollte allerdings kostenfrei sein. Die Einführung einer geringen Gebühr in Höhe von 19 € für die zweite Runde der Webinarreihe sorgte dafür, dass keine Anmeldungen mehr erfolgten. In der Gesamtschau standen einem rela-tiv hohen Aufwand bei der Gestaltung und Vermarktung des XING-Events ein relativ geringer Ertrag von drei qualifizierten Leads innerhalb von sechs Monaten gegenüber. Der ROI der Maßnahme war sechs Monate nach der Eventserie gleich null.

Abb. 4.4 Ausgewählte Herausforderungen und Risiken des Social Sellings

4.7   Herausforderungen und Risiken bei der Nutzung von Social Selling

Häufig hören sich innovative Marketingansätze verlockend an. Dennoch ist Social Selling kein Selbstläufer. Abb. 4.4 gibt einen Überblick über Herausforderungen und Risiken des Social Sellings.

Akzeptanz des Social Sellings beim Nutzer Werden die Netzwerke von Social Sellern nur noch als reine Verkaufs-, Werbe- oder PR-Plattformen betrachtet, sinken originäre Benefits der Business-Netzwerke für „normale User" und damit die **Akzeptanz des Social Sellings beim Nutzer.** Der Aufbau eines Netzwerks sowie Austausch, Dialog und Diskussionen über Inhalte mit Arbeitskollegen, Bekannten oder Experten kann durch übermäßige Vertriebsmaßnahmen durchbrochen werden und die Akzeptanz für Werbung im Netzwerk sinkt (Kreutzer et al. 2020, S. 237; Spandl 2020, S. 22).

Rattenrennen Es besteht die Gefahr von **Rattenrennen.** Während die First-Mover große Erfolge feiern, wird es mit der Etablierung der Vertriebsmethode und der zunehmenden Anzahl der Aufspringer immer aufwendiger, sich gegen die Content-Lawine durchzusetzen. Die Kosten steigen und der Nutzen sinkt, denn am Ende ist der Kuchen immer begrenzt.

Aufwand und Komplexität Ein weiteres Risiko ist die **Unterschätzung des Aufwands und der Komplexität,** die für die Selbstpräsentation und Pflege des Profils inklusive der Generierung von nutzenbringenden Inhalten („Baits") nötig sind. Soziale Medien sind erbarmungslose Zeitfresser, da Beziehungsmanagement, Kontaktanfragen, Interagieren etc. immer Antworten und Reaktionen notwendig machen. Zudem muss auf die eigenen attraktiven, aufwendig erstellten Angebote und Inhalte aufmerksam gemacht werden (Kords 2020). Zudem kommt es bei der Einführung neuer Technologien in Verkaufsorganisationen häufig zu hohen Fehlerraten, geringer Akzeptanz der Nutzer sowie hohen Kosten der Implementierung (Rodriguez et al. 2012, S. 366).

Vertrieblicher Dilettantismus Dieser äußert sich in falschem Verständnis von Social Selling und in der operativen Durchführung. Social Selling ist nicht die Spam-artige, willkürliche Versendung von Vernetzungsanfragen à la „Kontakte schaden nur dem, der keine hat." Auch das Fehlen einer individuellen Ansprache sowie einer klaren Positionierung und der Verzicht auf eine Erläuterung des Nutzens zeugen von wenig vertrieblicher Finesse (Kords 2020).

Datenschutz Datenschutz und die DSGVO sind dann zu beachten, wenn die über Social Selling generierten Kontakte außerhalb des Netzwerks genutzt werden sollen. Es ist zu klären, unter welchen Bedingungen die Kontakte beispielsweise angerufen werden können, sprich ab wann es keine unzulässige Kaltakquise gemäß UWG mehr ist. Genügt es wirklich, schon in der gleichen Gruppe bei XING zu sein?

Planbarkeit von Social Selling Social Selling ist im Vergleich zu anderen digitalen Marketinginstrumenten schwieriger planbar (Spandl 2020, S. 22). So werden die Netzwerke von Usern mit **unterschiedlicher Intensität** genutzt. Privat orientierte Netzwerke (z. B. Facebook und Instagram) werden oft mehrmals täglich genutzt. Unregelmäßiger erfolgt die Nutzung von Business Netzwerken (wie Xing und LinkedIn). Bei der Planung der Social-Selling-Strategie muss dies Berücksichtigung finden. Weiterhin setzen die Netzwerke unterschiedliche **Rahmenbedingungen für die vertriebliche Nutzung** ihrer Strukturen. Typisch ist die Regulierung des Zugangs zu den Mitgliedern durch eine Beschränkung der Anzahl an monatlichen Kontaktanfragen oder Direktnachrichten. Die **Algorithmen der Netzwerke** steuern, was ein Nutzer in seinem Feed priorisiert angezeigt bekommt. Die Algorithmen sind spezifische Geschäftsgeheimnisse und werden kontinuierlich angepasst. Deshalb sind Reichweiten der Social-Selling-Aktivitäten nicht exakt planbar.

Fazit und Ausblick: Was Sie aus diesem Essential mitnehmen können

5

Ist Social Selling nun ein Buzzword oder ein radikal innovativer Vertriebsansatz? Sicherlich ist es weder das eine noch das andere Extrem. Die Grundidee, mittels qualitativ guter Inhalte (Content) Interesse zu generieren sowie systematisch an der Qualität der Beziehung zu Kontakten zu arbeiten, ist nicht neu. Auch die Nutzung von (nicht digitalen) Netzwerken zu Vertriebszwecken ist seit vielen Jahren etabliert.

Neu ist das Medium und dessen technische Möglichkeiten, die die Arbeit von Vertrieblern im Vergleich zu üblichen B2B-Ansätzen wie Cold-Calling, Massenmailings oder Messeauftritten vereinfachen.

> **Möglichkeiten des Social Selling**
> - Informationssammlung über Social Listening und Screening
> - Einfaches Finden von passenden Ansprechpartnern mit Hilfe von Such-funktionen, Algorithmen fürs Matching, Bots etc.
> - Positionierung als Experte (Personal Branding) durch die Verbreitung von Inhalten (Content Marketing) wie Beiträge, Gruppen, Diskussionen, Events etc.
> - Aufnahme einer 1:1-Kommunikation
> - Pflege von bestehenden Beziehungen

Natürlich lassen sich diese Effekte auch über andere Maßnahmen erreichen. Jedoch ermöglicht Social Selling, diese effizienter und effektiver zu gestalten. Voraussetzung hierfür ist (wie auch bei vielen anderen Vertriebsmaßnahmen) eine systematische und qualitativ adäquate Umsetzung dieser.

© Der/die Autor(en) 2021
B. Römmelt, *Social Selling im B2B*, essentials,
https://doi.org/10.1007/978-3-658-33772-8_5

Ausblick Die Zeit der First Mover im Social Selling ist mittlerweile vorbei. Es besteht allerdings immer noch die Chance, sich adäquat zu positionieren. Mittelfristig wird die Nutzung von Social Selling ein etabliertes Instrument sein und möglicherweise zur Pflicht, um im Kommunikationswettbewerb mit der Vertriebskonkurrenz zu bestehen. Es ist zu erwarten, dass die technischen Hilfsmittel das Social Selling weiter erleichtern. Dennoch sind keine Wunder zu erwarten, da der Kunde seine Aufmerksamkeit nicht unendlich teilen kann. Der Wettbewerb wird nicht weniger, sondern lediglich auf etwas andere Weise ausgetragen. In nicht allzu ferner Zukunft sind „neue" Trends im Vertrieb und „neue" Buzzwords im Marketing zu erwarten. Von Grund auf radikal „neu" sind diese allerdings nie, sondern erscheinen lediglich im (technisch) neuen Gewand.

Literatur

Agnihotri, R., Dingus, R., Hu, M. Y. & Krush, M. T. (2016). Social media: Influencing customer satisfaction in B2B sales. Industrial Marketing Management, 53, 172–180. https://doi.org/10.1016/j.indmarman.2015.09.003

Agnihotri, R., Kothandaraman, P., Kashyap, R. & Singh, R. (2012). Bringing "Social" Into Sales: The Impact of Salespeople'S Social Media Use on Service Behaviors and Value Creation. Journal of Personal Selling & Sales Management, 32(3), 333–348. https://doi.org/10.2753/PSS0885-3134320304

Agnihotri, R., Trainor, K. J., Itani, O. S. & Rodriguez, M. (2017). Examining the role of sales-based CRM technology and social media use on post-sale service behaviors in India. Journal of Business Research, 81, 144–154. https://doi.org/10.1016/j.jbusres.2017.08.021

Ahearne, M. & Rapp, A. (2010). The Role of Technology at the Interface Between Salespeople and Consumers. Journal of Personal Selling & Sales Management, 30(2), 111–120. https://doi.org/10.2753/PSS0885-3134300202

Ancillai, C., Terho, H., Cardinali, S. & Pascucci, F. (2019). Advancing social media driven sales research: Establishing conceptual foundations for B-to-B social selling. Industrial Marketing Management, 82, 293–308. https://doi.org/10.1016/j.indmarman.2019.01.002

Barney-McNamara, B., Peltier, J., Chennamaneni, P. R. & Niedermeier, K. E. (2020). A conceptual framework for understanding the antecedents and consequences of social selling: a theoretical perspective and research agenda. Journal of Research in Interactive Marketing, ahead-of-print, ahead-of-print. https://doi.org/10.1108/JRIM-05-2020-0108

Beckam, M. (2020). Social Listening oder Social Media Monitoring? Was Unternehmen wissen müssen. https://www.flutlicht.biz/2020/05/social-listening-oder-social-media-monitoring-was-unternehmen-wissen-muessen/ Zugegriffen am 04.01.21.

Behrens, B. (2020). Social-Selling auf LinkedIn ist ein Marathon und kein Sprint: Consulting.de Interview mit Britta Behrens zu LinkedIn. https://www.consulting.de/hintergrunde/interviews/einzelansicht/social-selling-auf-linkedin-ist-ein-marathon-und-kein-sprint/ Zugegriffen am 17.09.20.

Bill, F. (2015). Soziale Vernetzung von Vertriebsmitarbeitern. Springer Fachmedien Wiesbaden. https://doi.org/10.1007/978-3-658-10235-7

Bitner, M. J., Ostrom, A. L. & Morgan, F. N. (2008). Service Blueprinting: A Practical Technique for Service Innovation. California Management Review, 50(3), 66–94. https://doi.org/10.2307/41166446

Bocconcelli, R., Cioppi, M. & Pagano, A. (2017). Social media as a resource in SMEs' sales process. Journal of Business & Industrial Marketing, 32(5), 693–709. https://doi.org/10.1108/JBIM-11-2014-0244

Bristor, J. M. (1992). Influence Strategies in Organizational Buying. Journal of Business-to-Business Marketing, 1(1), 63–98. https://doi.org/10.1300/J033v01n01_04

Bruhn, M. (2019). Marketing (14. Aufl.). Springer Fachmedien Wiesbaden. https://doi.org/10.1007/978-3-658-24473-6

Burmann, C., Halaszovich, T., Schade, M. & Piehler, R. (2018). Identitätsbasierte Markenführung (3. Aufl.). Springer Fachmedien Wiesbaden. https://doi.org/10.1007/978-3-658-20063-3

Burmann, C., Hemmann, F., Eilers, D. & Kleine-Kalme, B. (2012). Authentizität in der Interaktion als zentraler Erfolgsfaktor der Markenführung in Social Media. In M. Schulten, A. Mertens & A. Horx (Hg.), Social Branding (S. 129–145). Gabler Verlag.

Buzzell, R. D. & Gale, B. T. (1989). Das PIMS-Programm: Strategien und Unternehmenserfolg. Gabler.

Dierks, A. (2017). Re-Modeling the Brand Purchase Funnel. Springer Fachmedien Wiesbaden. https://doi.org/10.1007/978-3-658-17822-2

Dumont, G. & Ots, M. (2020). Social dynamics and stakeholder relationships in personal branding. Journal of Business Research, 106, 118–128. https://doi.org/10.1016/j.jbusres.2019.09.013

Forrester Consulting. (2017). Social Selling: A New B2B Imperative: Embrace A Programmatic Social Selling Approach To Boost Sales Effectiveness. https://hootsuite.com/uploads/images/stock/FINAL-Tech-Adoption-Profile_-Social-Selling_A-New-B2B-Imperative.pdf Zugegriffen am 26.06.20.

Forrester Consulting. (2018). New Tech: B2B Social Selling Tools, Q1 2018: Forrester's Landscape Overview Of 18 B2B Social Selling Providers. https://www.hootsuite.com/uploads/images/stock/forresternewtech.pdf Zugegriffen am 07.07.20.

Förster, A. & Kreuz, P. (2006). Marketing-Trends: Innovative Konzepte für Ihren Markterfolg (2. Aufl.). Gabler. https://doi.org/10.1007/978-3-8349-9061-7

Franke, S. & ethority. (2021). Social Media Prisma 8.0. https://ethority.de/social-media-prisma/ Zugegriffen am 06.02.21.

Greenberg, P. (2010). The impact of CRM 2.0 on customer insight. Journal of Business & Industrial Marketing, 25(6), 410–419. https://doi.org/10.1108/08858621011066008

Hase, S. & Busch, C. (2018). The Quintessence of Sales. Springer International Publishing. https://doi.org/10.1007/978-3-319-61174-7

Heinrich, S. (2020). Akquise@B2B. Springer Fachmedien Wiesbaden. https://doi.org/10.1007/978-3-658-26522-9

Heskett, J. L., Jones, T. O., Loveman, G. W., Sasser, W. E. & Schlesinger, L. A. (1994). Putting the Service-Profit Chain to Work. Harvard Business Review, 72(2), 164–170.

Holliman, G. & Rowley, J. (2014). Business to business digital content marketing: marketers' perceptions of best practice. Journal of Research in Interactive Marketing, 8(4), 269–293. https://doi.org/10.1108/JRIM-02-2014-0013

Homburg, C. (2020a). Grundlagen des Marketingmanagements. Springer Fachmedien Wiesbaden. https://doi.org/10.1007/978-3-658-29638-4

Homburg, C. (2020b). Marketingmanagement. Springer Fachmedien Wiesbaden. https://doi.org/https://doi.org/10.1007/978-3-658-29636-0

Hootsuite. (2020). Social Media Trends 2020: Hootsuite Jahresreport: Globale Social Media Trends. https://hootsuite.com/de/pages/social-trends-2020 Zugegriffen am 08.07.20.

Hughes, T. & Reynolds, M. (2016). Social Selling: Techniques to Influence Buyers and Changemakers. Kogan Page. https://gbv.eblib.com/patron/FullRecord.aspx?p=4573738.

Itani, O. S., Agnihotri, R. & Dingus, R. (2017). Social media use in B2b sales and its impact on competitive intelligence collection and adaptive selling: Examining the role of learning orientation as an enabler. Industrial Marketing Management, 66, 64–79. https://doi.org/10.1016/j.indmarman.2017.06.012

Jacobson, J. (2020). You are a brand: social media managers' personal branding and "the future audience". Journal of Product & Brand Management, 29(6), 715–727. https://doi.org/10.1108/JPBM-03-2019-2299

Keenan, J. & Giamanco, B. (2012). Social Media and Sales Quota: The Imipact of Social Media on Sales Quota and Corporate Revenue (A Research Report for B2B Companies). https://cdn2.hubspot.net/hub/166003/file-25222284-pdf/docs/social_media_sales_quota.pdf Zugegriffen am 07.08.20.

Kemp, S. (2020). Digital 2020: July Global Statshot. Datareportportal. https://datareportal.com/reports/digital-2020-july-global-statshot Zugegriffen am 28.08.20.

Kim, J.-N. & Rhee, Y. (2011). Strategic Thinking about Employee Communication Behavior (ECB) in Public Relations: Testing the Models of Megaphoning and Scouting Effects in Korea. Journal of Public Relations Research, 23(3), 243–268. https://doi.org/10.1080/1062726X.2011.582204

Kleinjohann, M. & Reinecke, V. (2020). Marketingkommunikation mit der Generation Z. Springer Fachmedien Wiesbaden. https://doi.org/10.1007/978-3-658-30822-3

Kords, U. (2020). Ein Blick auf Social Selling: Vorsicht Sackgasse. https://unternehmer.de/verkaufen/261153-vorsicht-social-selling Zugegriffen am 28.08.20.

Kovac, M. (2016). Social media works for B2B sales, too. Harvard Business Review Digital. https://hbr.org/2016/01/social-media-works-for-b2b-sales-too Zugegriffen am 03.07.20.

Kreutzer, R. T. (2018a). Praxisorientiertes Online-Marketing. Springer Fachmedien Wiesbaden. https://doi.org/10.1007/978-3-658-17912-0

Kreutzer, R. T. (2018b). Social-Media-Marketing kompakt: Ausgestalten, Plattformen finden, messen, organisatorisch verankern. Springer Fachmedien Wiesbaden. https://doi.org/10.1007/978-3-658-21147-9

Kreutzer, R. T. (2019). Online-Marketing. Springer Fachmedien Wiesbaden. https://doi.org/10.1007/978-3-658-25360-8

Kreutzer, R. T. & Land, K.-H. (2017). Digitale Markenführung. Springer Fachmedien Wiesbaden. https://doi.org/10.1007/978-3-658-08547-6

Kreutzer, R. T., Rumler, A. & Wille-Baumkauff, B. (2020). B2B-Online-Marketing und Social Media. Springer Fachmedien Wiesbaden. https://doi.org/10.1007/978-3-658-27675-1

Kühnl, C. & Frank, P. (2019). Social Selling – Eine neue Form der E-Kommunikation für Business-to-Business-Unternehmen. transfer – Zeitschrift für Kommunikation und Markenmanagement (4), 18–28.

Kumar, V. & Reinartz, W. (2018). Customer Relationship Management. Springer Berlin Heidelberg. https://doi.org/10.1007/978-3-662-55381-7

Kusinitz, S. (2017). The Definition of Social Selling [In Under 100 Words]. https://blog.hubspot.com/marketing/social-selling-definition-under-100-words#sm.00015pmzrqy76fq1rlr1t8poaw028 Zugegriffen am 19.09.20.

Lacoste, S. (2016). Perspectives on social media ant its use by key account managers. Industrial Marketing Management, 54, 33–43. https://doi.org/10.1016/j.indmarman.2015.12.010

Leeflang, P. S.H., Verhoef, P. C., Dahlström, P. & Freundt, T. (2014). Challenges and solutions for marketing in a digital era. European Management Journal, 32(1), 1–12. https://doi.org/10.1016/j.emj.2013.12.001

LinkedIn. (2020a). Integration zwischen Sales Navigator und Ihrem CRM – Überblick. https://www.linkedin.com/help/sales-navigator/answer/a109959/integration-zwischen-sales-navigator-und-ihrem-crm-uberblick?lang=de Zugegriffen am 02.01.21.

LinkedIn. (2020b). What is Social Selling? https://business.linkedin.com/sales-solutions/soc ial-selling/what-is-social-selling Zugegriffen am 19.09.20.

LinkedIn. (2021a). Connect with your customers' new reality: Find leads and close deals with LinkedIn Sales Navigator. https://business.linkedin.com/sales-solutions Zugegriffen am 16.01.21.

LinkedIn. (2021b). LinkedIn Sales Navigator. https://business.linkedin.com/sales-solutions/sales-navigator#Understand Zugegriffen am 14.01.21.

LinkedIn. (2021c). Measure your sales success with Social Selling Index. https://bus iness.linkedin.com/sales-solutions/social-selling/the-social-selling-index-ssi Zugegriffen am 16.01.21.

LinkedIn. (2021d). Social Selling Index Lernen Sie, wie Sie die Leistung Ihres Teams mit dem Social Selling Index überprüfen können. https://business.linkedin.com/sales-soluti ons/learning-center/resources/guides/g001/de-de/ts007 Zugegriffen am 16.01.21.

LinkedIn. (2021e). Über LinkedIn. https://about.linkedin.com/de-de?trk=homepage-basic_directory_aboutUrl&lr=1 Zugegriffen am 14.01.21.

Liu, Y. (2016). Social Media in China. Springer Fachmedien Wiesbaden. https://doi.org/10.1007/978-3-658-11231-8

Lommatzsch, T. (2018). Begriffsklärung: Influencer Marketing vs. Influencer Relations. In A. Schach & T. Lommatzsch (Hg.), Influencer Relations (S. 22–26). Springer Fachmedien Wiesbaden.

McKinsey & Company. (2013). Being B2B social: A conversation with Maersk Line's head of social media. https://www.mckinsey.com/business-functions/marketing-and-sales/our-insights/being-b2b-social-a-conversation-with-maersk-lines-head-of-social-media Zugegriffen am 03.07.20.

McKinsey & Company. (2015). Being B2B social: A conversation with Maersk Line's head of social media. https://www.mckinsey.com/industries/technology-media-and-tel ecommunications/our-insights/transforming-the-business-through-social-tools Zugegriffen am 03.07.20.

Meffert, H., Burmann, C., Kirchgeorg, M. & Eisenbeiß, M. (2019). Marketing (13. Aufl.). Springer Fachmedien Wiesbaden. https://doi.org/10.1007/978-3-658-21196-7

Men, L. R. (2014). Why Leadership Matters to Internal Communication: Linking Transformational Leadership, Symmetrical Communication, and Employee Outcomes. Journal of Public Relations Research, 26(3), 256–279. https://doi.org/10.1080/1062726X.2014.908719

Minsky, L. & Quesenberry, K. A. (2016). How B2B Sales Can Benefit from Social Selling. Harvard Business Review Digital Articles. https://hbr.org/2016/11/84-of-b2b-sales-start-with-a-referral-not-a-salesperson#comment-section Zugegriffen am 07.08.20.

Moore, J. N., Raymond, M. A. & Hopkins, C. D. (2015). Social Selling: A Comparison of Social Media Usage Across Process Stage, Markets, and Sales Job Functions. Journal of Marketing Theory & Practice, 23(1), 1–20. https://doi.org/10.1080/10696679.2015.980163

Mundt, E. (2019). Was ist Social Selling? Definition, Strategie und Beispiel im B2B Marketing. https://www.marconomy.de/was-ist-social-selling-definition-strategie-und-beispiel-im-b2b-marketing-a-820096/ Zugegriffen am 26.06.20.

NEW WORK SE. (2020). Unternehmen. Daten und Fakten. https://www.new-work.se/de/unternehmen/daten-und-fakten Zugegriffen am 19.08.20.

Newberry, C. (2017). Social Listening – um was es geht, warum es für Sie wichtig ist und wie man es richtig macht. https://blog.hootsuite.com/de/social-listening-richtig-gemacht/ Zugegriffen am 04.01.21.

Newberry, C. (2019). 16 der besten Social Media Monitoring-Tools. https://blog.hootsuite.com/de/bewaehrte-social-media-monitoring-tools/ Zugegriffen am 04.01.21.

Nirschl, M. & Steinberg, L. (2018). Einstieg in das Influencer Marketing. Springer Fachmedien Wiesbaden. https://doi.org/10.1007/978-3-658-19745-2

Ogilvie, J., Agnihotri, R., Rapp, A. & Trainor, K. (2018). Social media technology use and salesperson performance: A two study examination of the role of salesperson behaviors, characteristics, and training. Industrial Marketing Management, 75, 55–65. https://doi.org/10.1016/j.indmarman.2018.03.007

Ostrow, P. (2013). Social Selling: Leveraging the Prower of User-Generated Content to Optimize Sales Results. Aberdeen Group. https://business.linkedin.com/content/dam/business/sales-solutions/global/en_US/site/pdf/ti/linkedin_social_selling_impact_aberdeen_report_us_en_130702.pdf_selling_impact_aberdeen_report_us_en_130702.pdf Zugegriffen am 16.09.20.

Pastowski, S. (2004). Messung der Dienstleistungsqualität in komplexen Marktstrukturen: Perspektiven für ein Qualitätsmanagement von Hochschulen. DUV Gabler Edition Wissenschaft.

Reichheld, F. F. & Sasser, W. E. (1990). Zero Defections: Quality Comes to Services. Harvard Business Review, 68(5), 105–111.

Rodriguez, M., Ajjan, H. & Peterson, R. M. (2016). Social Media in Large Sales Forces: An Empirical Study of the Impact of Sales Process Capability and Relationship Performance. Journal of Marketing Theory & Practice, 24(3), 365–379. https://doi.org/10.1080/10696679.2016.1170538

Rodriguez, M., Peterson, R. M. & Krishnan, V. (2012). Social Media's Influence on Business-to-Business Sales Performance. Journal of Personal Selling & Sales Management, 32(3), 365–378. https://doi.org/10.2753/PSS0885-3134320306

Rollins, M., Nickell, D. & Wei, J. (2014). Understanding salespeople's learning experiences through blogging: A social learning approach. Industrial Marketing Management, 43(6), 1063–1069. https://doi.org/10.1016/j.indmarman.2014.05.019

Römmelt, B. (2014). Servicequalität in Bundessportfachverbänden: Ein Ansatz zur Qualitätsmessung aus Athletenperspektive. Dr. Verlag Kovac.

Rüden, S. von, Toller, P. & Terstiege, M. (2020). Digitales Marketing – Herkunft, Zukunft und Trends. In M. Terstiege (Hg.), Digitales Marketing – Erfolgsmodelle aus der Praxis (S. 151–178). Springer Fachmedien Wiesbaden.

Salo, J. (2017). Social media research in the industrial marketing field: Review of literature and future research directions. Industrial Marketing Management, 66, 115–129. https://doi.org/10.1016/j.indmarman.2017.07.013

Schach, A. (2018). Botschafter, Blogger, Influencer: Eine definitorische Einordnung aus der Perspektive der Public Relations. In A. Schach & T. Lommatzsch (Hg.), Influencer Relations (S. 27–47). Springer Fachmedien Wiesbaden.

Schmäh, M., Meyer-Gossner, M., Schilling, P. & Gruhn, S. (2016). Social Selling – Einsatz als strategisches Verkaufstool. Sales Management Review (1), 16–25. https://valueb asedselling.de/wp-content/uploads/SOCIAL_SELLING_2016_SCHMAEH_MEYER_S CHILLING.pdf.

Schultz, R. J., Schwepker, C. H. & Good, D. J. (2012). Social media usage: an investigation of B2B salespeople. American Journal of Business, 27(2), 174–194. https://doi.org/10.1108/19355181211274460

Sester, S. (2019). XING schließt API-Schnittstelle für Kontakt-Export. https://centra lstationcrm.de/blog/xing-schliesst-api-schnittstelle-fuer-kontakt-export Zugegriffen am 02.01.21.

Spall, C. & Schmidt, H. J. (2019). Personal Branding. Springer Fachmedien Wiesbaden. https://doi.org/10.1007/978-3-658-23741-7

Spandl, T. (2020). Direktmarketing mit digitalen Medien. Springer Fachmedien Wiesbaden. https://doi.org/10.1007/978-3-658-29544-8

Sturmer, M. (2020). Corporate Influencer. Springer Fachmedien Wiesbaden. https://doi.org/10.1007/978-3-658-27870-0

Trainor, K. J. (2012). Relating Social Media Technologies to Performance: A Capabilities-Based Perspective. Journal of Personal Selling & Sales Management, 32(3), 317–331. https://doi.org/10.2753/PSS0885-3134320303

Trainor, K. J., Andzulis, J., Rapp, A. & Agnihotri, R. (2014). Social media technology usage and customer relationship performance: A capabilities-based examination of social CRM. Journal of Business Research, 67(6), 1201–1208. https://doi.org/10.1016/j.jbusres.2013.05.002

Uhl, M. (2020). Content Marketing – Ein Definitionsansatz. Springer Fachmedien Wiesbaden. https://doi.org/10.1007/978-3-658-30063-0

Walden, J. A. & Kingsley Westerman, C. Y. (2018). Strengthening the Tie: Creating Exchange Relationships That Encourage Employee Advocacy as an Organizational Citizenship Behavior. Management Communication Quarterly, 32(4), 593–611. https://doi.org/10.1177/0893318918783612

Wang, Y., Hsiao, S.-H., Yang, Z. & Hajli, N. (2016). The impact of sellers' social influence on the co-creation of innovation with customers and brand awareness in online communities. Industrial Marketing Management, 54, 56–70. https://doi.org/10.1016/j.indmarman.2015.12.008

Weller, R. (2019). Portfoliomanagement im Content Marketing. Springer Fachmedien Wiesbaden. https://doi.org/10.1007/978-3-658-25780-4

Wille-Baumkauff, B. (2015). Onlinemarkenkommunikation und Markenloyalität im B2B-Segment. Springer Fachmedien Wiesbaden. https://doi.org/10.1007/978-3-658-09831-5

Woratschek, H. (2002). Theoretische Elemente einer ökonomischen Betrachtung von Sportdienstleistungen. Zeitschrift für betriebswirtschaftliche Forschung, 72, 1–21.

Woratschek, H. (2004). Qualitätsmanagement im Dienstleistungsbereich. Eignung der Qualitätsmessung für das Kennzahlen Controlling. Controlling (2), 73–84.

XING. (2020a). Erfolgreicher Vertrieb auf XING: Ihr Profil ist das Fundament: Vier Bausteine für Ihr perfektes Vertriebsprofil auf XING. https://xemail.xing.com/_lime/ProBusiness/XING-ProBusiness-WhitePaper-ProfilGuide.pdf Zugegriffen am 17.08.20.

XING. (2020b). Social Selling mit XING: Einfache und effiziente Lead-Generierung mit XING. https://xemail.xing.com/_lime/ProBusiness/XING-ProBusiness-WhitePaper-Lead-Generierung.pdf Zugegriffen am 20.02.21.

Zeithaml, V. A., Berry, L. L. & Parasuraman, A. (1996). The Behavioral Consequences of Service Quality. Journal of Marketing, 60(2), 31–46.

Zupancic, D. (2019). Sales Drive. Springer Fachmedien Wiesbaden. https://doi.org/https://doi.org/10.1007/978-3-658-13901-8

Stichwortverzeichnis

Printed in the United States
by Baker & Taylor Publisher Services